Más Rico

También por Daniel R. Solin

Does Your Broker Owe You Money?

The Smartest Investment Book You'll Ever Read The Smartest 401(k) Book You'll Ever Read

The Smartest Money Book You'll Ever Read

The Smartest Portfolio You'll Ever Own

The Smartest Money Book You'll Ever Read Timeless Investment Advice

7 Steps to Save Your Financial Life Now

The Smartest Sales Book You'll Ever ReadAsk: How to Relate to Anyone

Para Contactar al Autor:

Dan Solin

dansolin@ebadvisormarketing.com

https://wealthierbook.com/

Más Rico

La Guía
de Inversión
para
Millennials

Más Rico – *Copyright* © Daniel R. Solin, 2024

Silvercloud Publishing, LLC
Bonita Springs, FL 34135

Rústica ISBN: 978-0-9748763-7-5
Libro electrónico ISBN:: 978-0-9748763-8-2
Libro electrónico ISBN: 978-0-9748763-6-8

Número de control de la Biblioteca del Congreso:

Solin, Daniel R.
Más rico/Daniel R. Solin
Incluye referencias bibliográficas e índice

Impreso en los Estados Unidos de América
Datos de catalogación de la editorial
Primera edición

Para solicitudes de permisos, ventas en cantidad, oportunidades de marca, alianzas estratégicas, asociaciones, consultas de los medios de comunicación, conferencias y pedidos de librerías comerciales y mayoristas de EE.UU., ponte en contacto con:

Dan Solin
dansolin@ebadivsormarketing.com
(239) 949-1606.

Más Rico

La Guía
de Inversión
para
Millennials

Daniel R. Solin

Autor del bestseller del *New York Times* de la serie de libros *Los más listos*

Descargo de responsabilidad

Este libro, incluidos todos sus contenidos, capítulos, gráficos y ejemplos, se proporciona únicamente con fines informativos y no debe considerarse asesoramiento financiero o de inversión. Las ideas, conceptos y estrategias presentados se basan en las experiencias, observaciones y opiniones del autor. No constituyen una recomendación para comprar o vender ningún valor ni para seguir ninguna estrategia de inversión concreta.

Invertir conlleva riesgos inherentes, incluida la posibilidad de pérdida del capital. El valor de las inversiones puede subir o bajar, y el rendimiento pasado no indica necesariamente resultados futuros. Las estrategias y ejemplos de este libro no son garantía de éxito futuro.

Es esencial actuar con la debida diligencia y evaluar críticamente la aplicabilidad de cualquier estrategia o información a tu situación. Los mercados financieros, las condiciones económicas y las situaciones personales cambian con el tiempo. En consecuencia, un planteamiento o idea que fue eficaz en un momento dado puede no ser apropiado más adelante.

El autor se ha esforzado por garantizar la exactitud y pertinencia del contenido en el momento de su publicación. Sin embargo, debido a la naturaleza dinámica de los mercados financieros y a la posibilidad de que se produzcan cambios en la normativa y la legislación, es posible que el contenido no siempre esté actualizado, y el autor no ofrece ninguna garantía ni declaración, expresa o implícita, sobre la exactitud, integridad o aplicabilidad de la información que contiene.

Bajo ninguna circunstancia el autor, el editor o cualquiera de sus respectivos afiliados, socios o asociados serán responsables de ningún daño directo, indirecto, consecuente, punitivo, especial o de cualquier otro tipo que se derive de tu confianza en este libro o de cualquier decisión que tomes basándote en su contenido.

Los lectores deben considerar este libro como una guía general y no como una hoja de ruta definitiva para la inversión. Recuerda siempre dar prioridad a la diligencia debida, ser consciente de los riesgos y buscar la opinión y experiencia de expertos calificados si tus circunstancias lo justifican.

Para Patricia

Agradecimientos

Estoy muy agradecido a los muchos asesores financieros y otras personas que desinteresadamente revisaron el manuscrito de *Más rico*. Puedes encontrar sus comentarios en el sitio web de este libro: https://wealthierbook.com/reviews-endorsements/

Me beneficié especialmente de la sabiduría de Sarah Charles, Linda Parks y Brian Remson.

Rubin Miller, fundador de Peltoma Capital Partners, dedicó muchas horas a revisar el manuscrito y a transmitirme sus ideas. No podría estar más agradecido.

Larry Swedroe explicó los matices de las alternativas que pueden ser apropiadas para quienes tienen carteras más grandes. Es un autor prolífico y un destacado líder de opinión, que siempre se muestra generoso a la hora de compartir su experiencia.

No podría haber escrito el capítulo sobre seguros de vida sin la paciente orientación de Chuck Hinners.

El Dr. Eddie O'Neal revisó el manuscrito y me proporcionó el inestimable beneficio de su experiencia, respondiendo pacientemente a un sinfín de preguntas con gracia y comprensión.

Quiero dar las gracias a Bill Bernstein, autor de varios libros financieros de gran influencia, por su amable reseña.

Un agradecimiento especial a Knut Rostad y Ben Felix por hacer lo mismo.

No puedo escribir libros sin la ayuda de mi ayudante de autor, Danielle Acee, o de los editores de línea, especialistas en notas finales, correctores de pruebas, indexadores y muchos otros que trabajan entre bastidores para garantizar que un manuscrito sea lo mejor posible.

Dadas sus aportaciones, mi mujer, Patricia, debería figurar como coautora, pero se negó. Afortunadamente, no declinó mi oferta de hace muchos años de ser mi compañera de por vida.

Daniel R. Solin
1 de abril de 2024

Contenido

Prólogo

Este es un libro que, si lo sigues al pie de la letra, muy posiblemente eliminarás de tu vida la incertidumbre y el miedo respecto al dinero y lo reemplazarás con confianza y optimismo.

Sí, yo sé que no es una declaración ligera, pero estoy seguro de ello. Dan Solin ha tocado las vidas de miles de personas desde hace casi quince años cuando publicó su clásico "The Smartest Investment Book You'll Ever Read", seguido por muchos otros libros que eventualmente conformaron lo que se conoce como "Smartest series". Desde entonces, mucho ha cambiado en el mundo de las inversiones, y mucho sigue igual.

Existen muchos más productos financieros compitiendo por el dinero de los inversionistas, las redes sociales han cambiado radicalmente la manera en que se conecta el mundo y la industria financiera ha evolucionado para ofrecer servicios más accesibles y a públicos cada vez más diversos. Sin embargo, Wall Street no deja de ser Wall Street, y como nos comenta Dan en este libro, el sistema a veces parece estar manipulado para aventajar a, claro, Wall Street.

Sin embargo, y como en las siguientes páginas lo verás con toda claridad, hay maneras de aprovechar lo que nos ofrece Wall Street, de utilizar las herramientas que están a nuestro alcance para llevar una vida mejor, más próspera, más rica.

Dan usualmente ha publicado sus libros en inglés. Este el primero que se publica en español, y prácticamente de manera simultánea al lanzamiento de la edición en inglés.

Hay una razón muy clara para eso: La comunidad Latina en Estados Unidos está hambrienta de conocimiento para mejorar sus finanzas, y qué mejor que aprender de la mano de Dan, quien tengo la fortuna y el honor de conocer desde hace casi diez años. En todo este tiempo siempre ha habido una constante: su deseo de utilizar su conocimiento y experiencia para verdaderamente educar, para cambiar las vidas de los inversionistas.

Espero que disfrutes *Más Rico* tanto como disfruté colaborar en su traducción y localización.

Hacia adelante, siempre hacia adelante.

Miguel Gómez, CFP®, EA, Creador del podcast Dinero en Español

Introducción
Un amigo en apuros

El empoderamiento financiero significa que una persona siente que controla su dinero. Hemos descubierto que las personas que se sienten empoderadas en su vida financiera experimentan más alegría, paz, satisfacción y orgullo en relación con sus finanzas.

Samantha Lamas, "¿Qué es el empoderamiento financiero y por qué es importante?", *Morningsta*r

Las decisiones sobre cómo ahorras, gastas e inviertes tu dinero pueden afectar profundamente a tu futuro. Entiendo por qué buscas orientación, ideas y estrategias para navegar por este complejo panorama. El futuro es incierto, la idea de acumular riqueza parece intimidante. Los expertos financieros ofrecen consejos contradictorios, muchos de los cuales parecen irrefutables.

¿Por qué escucharme?

No soy asesor financiero. No puedes contratarme. Mi única lealtad es hacia ti. Tengo un objetivo: proporcionarte el asesoramiento basado en la investigación que necesitas para alcanzar la libertad financiera.

En 2006 escribí *The Smartest Investment Book You'll Ever Read*. Aconsejaba comprar tres fondos indexados (en los que el administrador del fondo replica el rendimiento de un índice de mercado) de Vanguard e ignorar a los "expertos" de Wall Street.

Mi opinión entonces -y ahora- es que el objetivo de muchos de los que quieren "ayudarte" a invertir tu dinero es transferir riqueza de tu bolsillo al suyo.

Eso no ha cambiado.

La premisa de mi libro *Smartest Investment*, que puedes hacerlo igual de bien -y probablemente mejor- por tu cuenta, fue ridiculizada por muchos miembros de la comunidad de agentes de bolsa que creían que los administradores de fondos de inversión activos podían superar a sus índices de referencia mediante la selección de acciones y el *market timing* (el comprar y vender acciones u otros instrumentos financieros acorde a predicciones de lo que el administrador cree que podría suceder).

Y sin embargo:

- *The Smartest Investment* fue reseñado con entusiasmo por el <u>NY Times</u>.
- Está en la <u>lista</u> de libros recomendados de Derek Sivers.
- *Kiplinger's* incluyó *The Smartest Investment* entre los cinco libros clásicos de inversión que los inversionistas deberían leer.
- *Style Rave* <u>incluyó</u> *The Smartest Investment* como uno de los nueve "libros financieros de lectura obligada para toda persona de color".
- Fui al programa *Power Lunch* de la CNBC en 2009 y <u>dije</u>: "Una de las cosas que podrían hacer es darnos más 'In Bogle we Trust' (en honor a Jack Bogle, fundador de *The Vanguard* Group) y mucho menos 'In Cramer we Trust'". Cramer se puso hecho una furia, lo que sigue siendo motivo de orgullo para mí.

El tiempo ha dado la razón a mi planteamiento.

A <u>finales de 2023</u>, los fondos basados en índices (fondos y pagarés cotizados en bolsa y fondos de inversión de gestión pasiva) alcanzaron los \$13.29 billones de dólares en activos, cifra ligeramente *superior* a los \$13.23 billones de dólares de los fondos de gestión activa.

Lo que se consideraba controvertido en 2006 es ahora la corriente dominante.

Pasé a escribir una serie de libros sobre la inversión *más inteligente*, para gran consternación de la industria de valores. He escrito miles de blogs, he aparecido en muchos programas de radio y televisión, y he aparecido en destacadas revistas de inversión.

Apoyo la información de este libro con extensas Notas Finales. Consúltalas si quieres más información sobre cualquier tema.

Los millennials necesitan consejo

Alcanzar la riqueza es algo más que gestionar tu dinero; se trata de controlar tu vida.

Tener el control de tus finanzas no es tan difícil. Te enseñaré cómo.

Si te identificas como uno de los aproximadamente 97,5 millones de inversionistas "hazlo tú mismo" (principalmente millennials) que navegan por sus finanzas sin un asesor, este libro es un faro de sabiduría sensata y sin tonterías.

El sector de los valores y los medios financieros han hecho un gran trabajo engañando a los millennials y a otros inversionistas.

No es de extrañar que los millennials reaccionen "fuerte e incoherentemente" a la volatilidad del mercado bursátil pasando de las acciones a los ahorros y depósitos cuando la bolsa baja. Una encuesta reveló que los millennials trabajadores tenían el 33% de sus cuentas de ahorro para la jubilación en instrumentos de bajo riesgo como el efectivo.

Este comportamiento por sí solo tiene graves consecuencias negativas para la consecución de objetivos financieros a largo plazo.

Los millennials también son más propensos que otros inversionistas a dejarse seducir por el encanto de las inversiones gestionadas activamente, lo que erosiona aún más sus rendimientos a largo plazo.

Los millennials tienen más apetito por las inversiones alternativas, como las criptomonedas y las materias primas. La evidencia no sostiene este entusiasmo.

En promedio, los millennials tienen como objetivo jubilarse a los 62 años. Eso no ocurrirá sin un cambio drástico de mentalidad.

La información de este libro puede cambiar creencias arraigadas y perjudiciales sobre la inversión y ayudarte a alcanzar tus objetivos.

¿Por qué Hacerlo Tú Mismo?

Hay muchas razones por las que puedes optar por ser un inversionista que maneje su propio dinero (Do-it-Yourself, DIY). Quizá no te alcance para contratar a un asesor financiero, o tus activos no cumplan sus requisitos mínimos. Tal vez quieras asumir la responsabilidad exclusiva de tu vida financiera, o no confíes en la industria o sientes que no comprenden tus necesidades y objetivos únicos.

Aunque quieras recurrir a un asesor, quizá no tengas más remedio que ocuparte solo de tus finanzas. La mayoría de los asesores financieros no quieren tu negocio. Usualmente atienden a inversionistas de alto patrimonio con necesidades complejas de planificación financiera.

Invertir por tu cuenta sin complicaciones

Voy a mostrarte cómo invertir de una forma sencilla *y* fácil.

No necesitas hacer investigación. No tienes que prestar atención a lo que ocurre en el mercado de valores.

Cuanto menos hagas (después de esforzarte en diseñar un plan), mejor será tu experiencia.

La industria bursátil (y las redes sociales) te intimidarán haciéndote creer que tienes que trabajar constantemente para invertir. Quiere crearte miedo y ansiedad para que hagas más trading y *les* generes comisiones. Quiere venderte productos complejos, con comisiones elevadas, porque eso es lo mejor para *su* cuenta de resultados.

Ahora es más fácil que nunca invertir de forma inteligente y responsable.

Puedes invertir en sólo *dos ETF's (*fondos que cotizan en la bolsa de bajo costo) y tener una cartera diversificada globalmente en un portafolio diversificado (la división de tu cartera entre acciones, bonos y efectivo) adecuado a tus necesidades particulares.

Ajustando el porcentaje de tu portafolio asignado a acciones, puedes aumentar o disminuir la volatilidad y los rendimientos esperados de ese portafolio.

Debido al reconocimiento a regañadientes de que la inversión se ha "comoditizado" (lo que significa que es tan fácil que cualquiera puede hacerlo), la nueva frase de moda en la comunidad inversionistaa es "planificación financiera integral".

No te sientas abrumado por la perspectiva de la planificación financiera DIY. Siguiendo unas pautas básicas, puedes planificar inteligentemente tu futuro.

Detectar la desinformación

Estás bombardeado por un tsunami de desinformación de la poderosa industria bursátil, que trata de socavar tus esfuerzos por utilizar una estrategia de inversión sencilla, responsable e inteligente.

Trabajan en estrecha colaboración con sus socios, los medios de comunicación financieros, que ofrecen una dieta constante de "expertos" que opinan sobre todo, desde la dirección del mercado hasta el próximo fondo de inversión de moda. No tienen ninguna responsabilidad. Hay pocas pruebas creíbles de que sus opiniones se basen en algo que no sea especulación.

Por si fuera poco, tu cerebro es una barrera para tener éxito como inversionista DIY. Está programado para encontrar patrones donde no los hay (ver Capítulo 18). Te anima a procrastinar y a no planificar tu futuro (ver Capítulo 37).

Es peor si tienes prejuicios psicológicos que te hacen invertir de forma imprudente o impulsiva. (ver Capítulos 6 y 13).

Estas fuerzas se combinan para poner en peligro tus esfuerzos por ser financieramente responsable y alcanzar tus objetivos de jubilación. Como resultado, muchos se rinden o tiran la toalla.

Te mostraré cómo identificar y superar estos obstáculos.

Contratar a un asesor financiero

Antes de que te sumerjas en este libro, quiero abordar una pregunta habitual: ¿Debes contratar a un asesor financiero si cumples los requisitos mínimos de algunos asesores (pero no de todos)?

Contratar a un asesor financiero es prudente si tienes un patrimonio importante o cuestiones financieras, fiscales o de planificación patrimonial complejas. Tendrás que determinar si eres el cliente adecuado y si ellos son el asesor adecuado.

Te proporcionaré la información que necesitas para seleccionar al mejor asesor financiero para tus necesidades (consulta los capítulos 39, 40 y 41).

Un mensaje contraintuitivo

La mayoría de los inversionistas DIY tienen necesidades sencillas de inversión y planificación financiera. Si perteneces a esta categoría, mi mensaje es contrario a la intuición: Tanto la inversión como la planificación financiera básica son sencillas y fáciles.

Mi objetivo no es exponer exhaustivamente todas las cuestiones financieras a las que probablemente te enfrentes. En la sección Recursos, enumero algunos libros excelentes que tratan los temas principales de este libro con más detalle.

Mi objetivo es hacerte "más rico" como inversionista DIY y planificador financiero de éxito, proporcionándote ideas que no encontrarás en ningún otro sitio.

Has encontrado un amigo de verdad.

El contexto importa

El contexto constituye el 90 por ciento de un mensaje, las palabras sólo el 10 por ciento.

Abhijit Naskar, *Honor He Wrote: 100 Sonnets for Humans Not Vegetables*

A continuación te comparto algunos conceptos financieros clave y el contexto de cómo encaja cada uno de ellos en los principios fundamentales tratados en este libro.

Fondo de inversión de gestión activa

Fondo de inversión en el que el gestor intenta superar los rendimientos de un índice específico, como el S&P 500®.

Contexto: Debes evitar los fondos de inversión de gestión activa. Hay evidencia convincente de que la mayoría de ellos obtienen peores resultados que los fondos indexados y los fondos cotizados (ETF), especialmente a largo plazo y después de comisiones e impuestos.

¿Dónde se trata? Capítulos 3 y 8.

Inversiones alternativas

Inversiones que no son acciones, bonos o efectivo. Algunos ejemplos son los fondos de cobertura, las criptomonedas, las materias primas (commodities) y el capital de riesgo (private equity).

El contexto: A menudo, los beneficios no se corresponden con el ruido que se hace sobre ellos.

¿Dónde se discute? En el capítulo 5.

Amígdala

Región del cerebro implicada en el procesamiento de las emociones.

Contexto: El dinero es un tema muy emocional. Es esencial comprender cómo procesa el cerebro las emociones para tomar decisiones financieras sensatas. Nos gusta pensar que somos racionales, pero eso no siempre es cierto.

El "secuestro de la amígdala" se produce cuando la reacción de una persona ante algo es inmediata e intensa, pasando por alto el pensamiento racional. Cuando los mercados se hunden, la parte emocional de nuestro cerebro domina a la parte racional, lo que conduce a decisiones impulsivas.

¿Dónde se habla de ello? Capítulo 13.

Apofenia

Ver patrones en datos aleatorios.

Contexto: No es totalmente culpa tuya que veas patrones donde no los hay. Tu cerebro está predispuesto a hacerlo. Desconfía de las conclusiones extraídas de estos patrones mal percibidos.

¿Dónde se habla de ello? Capítulo 18.

Mercado bajista (Bear market)

Situación del mercado en la que los precios de las inversiones caen, generalmente un 20% o más desde los máximos recientes.

Contexto: Históricamente, los mercados bajistas van seguidos de mercados alcistas. La clave es no dejarse llevar por el pánico.

¿Dónde se habla de ello? Capítulo 13.

Finanzas conductuales (Behavioral Finance)

El área de estudio que combina la teoría psicológica con la economía para explicar por qué la gente toma decisiones financieras irracionales.

Contexto: La mayoría de los expertos financieros creen que controlar tu comportamiento es fundamental para convertirte en un inversionista de éxito. La clave está en aprender a controlar tu propio comportamiento en lugar de tomar decisiones impulsivas y guiadas por las emociones.

¿Dónde se trata? Capítulos 3, 14, 15, 18 y 41.

Indice de referencia (Benchmark)

Un estándar contra el que puede medirse el rendimiento de un valor o inversión.

Contexto: Cuando leas sobre fondos de gestión activa con resultados superiores, ten en cuenta que a menudo comparan sus resultados "superiores" con un índice de referencia incorrecto. Por ejemplo, un fondo de inversión que invierte en acciones estadounidenses de gran tamaño debería utilizar el índice S&P 500 como referencia correcta.

¿Dónde se discute? En el capítulo 1.

Seguro de vida total combinado (Blended Whole Life Insurance)

Combinación de seguro de vida a plazo (term life) y seguro de vida total (whole life) que permite tanto la protección como la acumulación.

Contexto: Para algunos millennials, puede merecer la pena considerar el seguro de vida entera combinado y el seguro de vida universal si puedes encontrar un agente de seguros que te descuente sus comisiones de estas pólizas.

¿Dónde se habla de ello? Capítulo 32.

Bono

Título de deuda que certifica que el prestatario devolverá el importe al tenedor en una fecha posterior, normalmente con intereses.

Contexto: No todos los bonos se crean igual. Mi recomendación de inversión es un fondo de bonos compuesto principalmente por bonos del Tesoro a corto plazo respaldados por la plena fe y el crédito del gobierno de EEUU, aunque hay situaciones en las que algunos inversionistas deberían considerar un bono del Tesoro a más largo plazo y de mayor rendimiento, suponiendo que la liquidez no sea un problema.

¿Dónde se discute? En el capítulo 1.

Mercado alcista (Bull market)

Condición del mercado caracterizada por la subida de los precios de los valores.

Contexto: Históricamente, los mercados alcistas siguen a los bajistas. Nadie puede predecir cuándo. A menudo ocurre cuando menos se espera. Los inversionistas pacientes esperan a los mercados bajistas para cosechar los beneficios de los mercados alcistas.

¿Dónde se habla de ello? Capítulo 13.

Teléfono cocaína

Un teléfono en el que pones aplicaciones e información adictivas y que te quitan mucho tiempo. Combinado con un "teléfono kale", puede ser una forma excelente de aumentar la productividad.

¿Dónde se habla de ello? Capítulo 37.

Interés compuesto

Los intereses se calculan tanto sobre el importe inicial como sobre los intereses acumulados.

Contexto: La clave del éxito como inversionista millennial es beneficiarse del interés compuesto.

¿Dónde se discute? Capítulo 26.

Criptomonedas

Una forma de moneda digital o virtual que utiliza la criptografía para su seguridad.

El contexto: La realidad no está a la altura del ruido que genera. Es de alto riesgo, y la minería asociada a ella perjudica al medio ambiente.

¿Dónde se discute? En el capítulo 7.

Diversificación

Repartir las inversiones entre y dentro de diferentes clases de activos (como acciones, bonos y efectivo), sectores y regiones geográficas para reducir el riesgo.

Contexto: Una estrategia clásica para reducir el riesgo de una cartera de inversiones.

¿Dónde se discute? En el capítulo 1.

Dopamina

Un neurotransmisor del cerebro que afecta a las emociones, los movimientos y las sensaciones de placer.

Contexto: Al cerebro le encanta la dopamina. Saber qué desencadena su liberación te ayudará a comprender cómo reaccionas ante diversas situaciones financieras.

¿Dónde se trata? Capítulos 6 y 14.

Efecto de posesión (Endowment effect)

Valorar más algo cuando lo poseemos.

Contexto: Cuando comprendas este sesgo, apreciarás cómo puede influir en tu comportamiento como inversionista de forma irracional y perjudicial.

¿Dónde se discute? Capítulo 14.

Inversión medioambiental, social y basada en la gobernanza (ESG)

La inversión ESG se centra en estrategias sostenibles y responsables.

Contexto: Comúnmente conocida como "inversión socialmente responsable", la ESG presenta una oportunidad para invertir de una forma que sea fiel a tus valores, pero puede que tengas que sacrificar la rentabilidad para hacerlo.

¿Dónde se discute? En el capítulo 4.

Fondo cotizado en bolsa (ETF)

Fondo de inversión que se negocia en bolsa, como las acciones. La mayoría de los ETF son fondos indexados.

Contexto: Los ETF tienen importantes ventajas (como unos mínimos de inversión más bajos y un mayor control del precio de trading) que pueden hacerlos preferibles a los fondos de inversión indexados para algunos inversionistas.

¿Dónde se trata? Capítulos 1, 2, 3 y 4.

Rendimientos previstos

La cantidad de beneficios o pérdidas que un inversionista puede prever recibir por una inversión.

Contexto: Nadie puede predecir los rendimientos reales, pero el uso de datos históricos (disponibles en sitios web como *Yahoo Finanzas*) permite estimar los rendimientos futuros probables de las acciones. Para los bonos, los rendimientos actuales son indicativos de los rendimientos presentes y futuros, si se mantienen hasta su vencimiento.

¿Dónde se trata? Capítulos 1, 23 y 35.

Costo de administración (Expense ratio)

Costo de administración anual que cobran los ETF y los fondos de inversión. Se expresa como porcentaje de los activos que administra.

Contexto: Los fondos de inversión con las comisiones de administración (expense ratios) más elevados tienden a obtener peores resultados que los que tienen ratios de gastos más bajos. Que algo cueste más no significa que sea mejor.

¿Dónde se trata? Capítulos 1, 3, 4 y 41.

Portafolio basado en factores

Una estrategia de inversión en la que las inversiones que la constituyen se eligen en función de atributos comúnmente asociados a mayores rendimientos. Estos atributos, conocidos como factores, se identifican a través de la investigación académica por tener una influencia significativa en el rendimiento de una inversión en relación con el mercado bursátil. Los factores más reconocidos incluyen el valor (value), el tamaño, el momentum, la calidad y la volatilidad.

Contexto: Un portafolio basado en factores puede ser una buena opción para los inversionistas más jóvenes que puedan tolerar rendimientos más bajos y tengan tiempo y disciplina para persistir cuando su portfolio basado en factores tenga un rendimiento inferior al de una cartera ponderada por la capitalización bursátil.

¿Dónde se discute? En el capítulo 2.

Consultores de seguros por honorarios

Consultores que asesoran a cambio de una remuneración y no venden productos de seguros.

Contexto: El secreto mejor guardado del sector de los seguros es la existencia de estos consultores que cobran una tarifa por hora y proporcionan asesoramiento objetivo relacionado con los seguros.

¿Dónde se habla de ello? Capítulo 32.

Planificación financiera

Un proceso continuo que examina todo tu panorama financiero para crear estrategias que te permitan alcanzar tus objetivos a corto y largo plazo.

Contexto: Aunque útil, la planificación financiera tiene serias limitaciones. A menudo promete más de lo que cumple.

¿Dónde se trata? Capítulos 12, 19, 20, 21, 25, 27 y 29.

Lavado verde (*Greenwashing*)

Comercializar engañosamente productos como respetuosos con el medio ambiente.

Contexto: El sector de los fondos de inversión puede tomar algo bueno (la inversión socialmente responsable) e incurrir en un comportamiento poco ético para engañar a los inversionistas.

¿Dónde se discute? En el capítulo 4.

Cuenta de ahorros de salud (HSA)

Una cuenta con ventajas fiscales para que las personas con planes de salud con deducible alto ahorren para gastos médicos.

Contexto: Las HSA son cuentas infrautilizadas con ventajas fiscales que pueden ayudarte a hacer frente al aumento de los gastos médicos y de salud.

¿Dónde se trata? Capítulos 27, 29 y 33.

Fondo indexado

Fondo de inversión diseñado para seguir los componentes de un índice de mercado.

Contexto: Los fondos indexados, los fondos de gestión pasiva y los ETF son la clave para alcanzar tus objetivos financieros y maximizar tu patrimonio con el mínimo esfuerzo.

¿Dónde se trata? Capítulos 1, 3 y 8.

Sesgo informativo

Tendencia a buscar y evaluar información, aunque sea irrelevante, para el asunto que se está tratando.

El contexto: No toda la información tiene la misma importancia. Los inversionistas sufren por exceso de información y no por falta de ella.

¿Dónde se discute? Capítulo 14.

Teléfono kale

Un teléfono en el que sólo pones las aplicaciones y la información esenciales y útiles. Combinado con un "teléfono cocaína", puede ser una forma excelente de aumentar la productividad.

¿Dónde se habla de ello? Capítulo 37.

Aversión a la pérdida

Un sesgo cognitivo en el que el dolor de incurrir en pérdidas es más poderoso que el placer de incurrir en ganancias.

Contexto: Este sesgo puede provocar un comportamiento irracional del inversionista, como buscar rendimientos similares a los de la lotería.

¿Dónde se trata? Capítulos 6 y 14.

Arbitraje obligatorio

Obligación de resolver los litigios mediante arbitraje y no por la vía judicial.

Contexto: Pocos inversionistas comprenden que abrir una cuenta de inversión significa renunciar a su derecho constitucional a un juicio con jurado y someterse a un arbitraje administrado por la Autoridad Reguladora de la Industria Financiera (FINRA).

¿Dónde se discute? Capítulo 11.

Ponderado por capitalización bursátil (Market-cap weighted)

Construcción de un portafolio de inversión o un índice en el que los componentes individuales se incluyen en proporciones basadas en su capitalización bursátil. La capitalización bursátil, o capitalización de mercado, se calcula multiplicando el precio actual de las acciones por el número total de acciones en circulación. Esta cifra da el valor total de mercado de las acciones de una empresa. Un portafolio o índice ponderado por la capitalización bursátil da mayor influencia a las empresas más grandes.

Contexto: La estrategia de inversión simple y directa descrita en el Capítulo 1 está ponderada por la capitalización bursátil.

¿Dónde se discute? En el capítulo 2.

Inactividad magistral

Una estrategia de inactividad deliberada.

Contexto: Invertir es una de las pocas actividades de la vida en las que es probable que menos actividad genere resultados superiores.

¿Dónde se habla de ello? Capítulo 15.

Análisis Monte Carlo

Técnica matemática utilizada para estimar los posibles resultados de un acontecimiento incierto.

Contexto: Es fácil dejarse seducir por el poder de los análisis informatizados, pero tu confianza en un análisis de Montecarlo puede estar fuera de lugar porque puede que no tenga en cuenta adecuadamente los acontecimientos del mundo real.

¿Dónde se habla de ello? Capítulo 21.

Cuenta IRA Roth

Una cuenta de jubilación individual que permite aportaciones después de impuestos con crecimiento libre de impuestos.

Contexto: Una forma excelente de ahorrar para la jubilación, pero debes superar el atractivo de los beneficios fiscales inmediatos a cambio de los retiros libres de impuestos a la edad de 59½ años o más.

¿Dónde se trata? Capítulos 3, 16, 29 y 35.

Acciones

Tipo de inversión que representa la propiedad de una empresa y es un derecho sobre parte de sus activos y ganancias.

Contexto: En lugar de intentar elegir acciones "ganadoras", es prudente comprar un fondo indexado, un ETF o un fondo de gestión pasiva que mantenga una portafolio de inversión diversificado globalmente.

¿Dónde se habla de ello? Capítulo 8.

Cuenta de inversión sujeta a impuestos (Taxable brokerage account)

Una cuenta de inversión que permite a los inversionistas utilizar dinero después de impuestos para comprar diferentes inversiones.

Contexto: Las ventajas de las cuentas de de inversión sujetas a impuestos incluyen un tratamiento fiscal favorable a las ganancias y la ausencia de restricciones.

¿Dónde se trata? Capítulos 3 y 16.

Seguro de vida temporal

Seguro de vida que paga el beneficio contratado en caso de fallecimiento del asegurado durante un plazo determinado.

Contexto: Si sólo puedes permitirte las primas relativamente baratas del seguro temporal, es mejor que no tener seguro.

¿Dónde se habla de ello? Capítulo 32.

IRA tradicional

Una cuenta de jubilación individual que permite realizar aportaciones antes de impuestos. El crecimiento de la cuenta está sujeto a impuestos. El IRS se refiere a estas cuentas como "Arreglos Individuales de Retiro", pero se conocen más comúnmente como "Cuentas Individuales de Retiro".

Contexto: Las cuentas IRA tradicionales pueden desempeñar un papel importante para alcanzar tus objetivos de jubilación, pero pagarás impuestos sobre el importe total de las disposiciones de ella a tu tasa fiscal marginal cuando cumplas 59½ años o más, y nadie sabe cuál será tasa en el futuro.

¿Dónde se trata? Capítulos 3 y 16.

Letras del Tesoro (Treasury Bills)

Deuda pública del gobierno federal a corto plazo con vencimiento igual o inferior a un año.

Contexto: La finalidad de tu portafolio de bonos es mitigar la volatilidad, no generar rendimientos. Las Letras del Tesoro están respaldadas por la plena fe y crédito del gobierno de EEUU y son excelentes para este propósito.

¿Dónde se discute? En el capítulo 1.

Seguro de vida universal

Un tipo de seguro de vida permanente con un componente de valor en efectivo y pagos de primas flexibles.

Contexto: Aunque estas pólizas son más caras que las temporales, es posible negociar comisiones en los seguros de vida total (whole life) y vida universal (universal life) de ciertas compañías, lo que hace que estas pólizas resulten atractivas para algunas personas.

¿Dónde se habla de ello? Capítulo 32.

Notas

Parte Uno
Buena Inversión

Haz esto.

Capítulo 1
Invertir *es* fácil y sencillo

¿Me creerías si te dijera que existe una estrategia de inversión que un niño de siete años podría entender, te llevará quince minutos de trabajo al año, superará a largo plazo al 90% de los profesionales de las finanzas y te hará millonario con el tiempo?

William J. Bernstein, *If You Can: How Millenials Can Get Rich Slowly*

El sistema no funciona para la mayoría de los estadounidenses, en gran parte porque está amañado contra los pequeños inversionistas (tema tratado en los capítulos 10 y 11).

Para los que no necesitan convencerse y sólo quieren saber cómo invertir para maximizar la posibilidad de alcanzar sus objetivos financieros, aquí tienen la información que necesitan saber.

Warren Buffett <u>dijo</u>: "Invertir es sencillo, pero no fácil". Si tienes la información correcta, es sencillo *y* fácil de poner en práctica. Aún así, puede ser un reto ignorar las formidables fuerzas (incluido tu cerebro) alineadas contra ti que fomentan el mal comportamiento del inversionista.

William J. Bernstein es uno de los autores financieros más respetados de EE.UU. Dos de sus libros, *The Four Pillars of Investing* y *The Intelligent Asset Allocator,* son clásicos de la inversión.

¿Cuál fue la notable estrategia de inversión que recomendó mencionada en la cita del capítulo? Compra tres fondos indexados de bajo costo para tu portafolio de acciones y bonos.

Mi sugerencia es aún menos compleja: Compra dos fondos cotizados (ETF).

¿Qué es un ETF?

Un ETF funciona como un fondo de inversión. Suele contener una canasta de acciones o bonos que siguen un índice de referencia. Algunos ETF invierten también en materias primas (commodities).

Se llaman "fondos cotizados" ("exchange-traded funds") porque son "fondos" que poseen una colección de acciones, bonos u otros valores que se compran y venden ("traded") en "bolsas" de valores (exchanges).

ETF frente a fondos de inversión indexados

Aunque los fondos de inversión indexados y los ETF tienen muchas similitudes, una diferencia fundamental es cómo operan. Los ETF cotizan igual que las acciones. Cuando el mercado está abierto, puedes comprarlos y venderlos. Los fondos indexados sólo pueden comprarse después del cierre de los mercados (aunque puedes poner una orden para comprarlos o venderlos en cualquier momento).

Debido a esta diferencia, el precio de los ETF fluctúa a lo largo del día, cuando los mercados están abiertos (jornadas de trading). El precio de un fondo indexado sólo cambia una vez al día.

Esta diferencia no es una ventaja de los ETF sobre los fondos de inversión indexados a largo plazo, porque es poco probable que tengas que operar con un ETF o un fondo de inversión indexado más de una vez al día.

Los fondos de inversión indexados suelen tener requisitos mínimos de inversión. Los ETF no tienen mínimos.

Los ETF son más eficientes fiscalmente que los fondos indexados, porque a menudo no incurres en impuestos sobre las ganancias cuando las inversiones dentro del ETF generan ganancias, aunque sí incurres en impuestos si obtienes ganancias con la venta de tus ETF. El monto de esos impuestos depende del tiempo que los hayas tenido.

El consejo de Bogle

John Bogle fue un titán del mundo de la inversión, más conocido por fundar The Vanguard Group en 1974 y crear el primer fondo de inversión indexado para inversionistas particulares. Su filosofía de inversión en fondos indexados de bajo costo le ha valido un lugar en el panteón de las leyendas de la inversión.

Bogle fue un feroz defensor de los inversionistas particulares. Promovía un enfoque disciplinado a largo plazo, centrado en minimizar las comisiones y maximizar la simplicidad. Hizo hincapié en la inutilidad de intentar superar al mercado bursátil mediante el trading especulativo.

Este sabio consejo de Bogle debería enmarcarse y exhibirse en un lugar destacado de tu casa: "En inversión, obtienes lo *que no pagas*. Los costos importan. Así que los inversionistas inteligentes utilizarán fondos indexados de bajo costo para construir una portafolio diversificado de acciones y bonos, y mantendrán el rumbo. Y no serán tan tontos como para pensar que pueden ser sistemáticamente más astutos que el mercado".

Cientos de artículos en revistas especializadas avalan la sabiduría de Bogle. Sus consejos son válidos tanto si los aplicas con ETF como con fondos indexados.

¿Por qué invertir en toda la Bolsa?

Imagina que estás en una tienda de caramelos gigante con sólo unos pocos dólares para gastar. Puedes intentar elegir el caramelo más bonito y esperar que sepa bien, o puedes comprar un trocito de cada uno de los caramelos de la tienda, así te garantizas tener algunos de los mejores caramelos, aunque también tengas algunos que no te gusten tanto.

Comprar todo el mercado de valores es como comprar un trozo de cada caramelo: obtienes un poco de todo, pero puedes estar seguro que algunos trozos serán deliciosos.

¿Qué son los Bonos del Tesoro a corto plazo?

Al invertir, es importante tener una mezcla de crecimiento (acciones) y seguridad (bonos).

Piensa en la Bolsa como en una montaña rusa. Las acciones hacen que el viaje sea más accidentado. Los bonos ayudan a que el viaje sea más suave.

Las Letras del Tesoro (Treasury bills, o T-Bills) estadounidense a corto plazo son estabilizadoras de tu cartera. Dado que se vencen en un corto periodo de tiempo, su valor no se mueve tanto como el de las acciones o los bonos a largo plazo. Añaden un peso agradable y estable a tu inversión a través de los altibajos del mercado.

Un ETF de bonos del Tesoro estadounidense a corto plazo ofrece un componente seguro y estable a tu cartera de inversiones. Como poseen una canasta de bonos del Tesoro con diferentes fechas de vencimiento (normalmente de uno a tres años), gestionan mejor el riesgo de tipos de interés que manteniendo bonos del Tesoro con una sola fecha de vencimiento. Son muy líquidos porque puedes comprarlos y venderlos a precio de mercado siempre que la bolsa esté abierta. Las Letras del Tesoro suelen mantenerse hasta el vencimiento, aunque pueden venderse antes del vencimiento al tipo de mercado.

Los bonos del Tesoro estadounidense a corto plazo son como pagarés del gobierno estadounidense. Cuando los compras, básicamente estás prestando dinero al gobierno. Éste promete devolvértelo en la fecha de vencimiento. Como están garantizados por la plena fe y el crédito del gobierno de EEUU, se consideran muy seguros.

EEUU ha emitido deuda desde 1790. Nunca ha incurrido en impago.

Acciones: Riesgo vs. Recompensa

Comprar acciones individuales puede dar lugar a grandes ganancias, pero también conlleva la posibilidad de pérdidas significativas. La compra de un ETF distribuye el riesgo, de modo que aunque algunas acciones no vayan bien, otras pueden ir muy bien, equilibrando las cosas.

Elegir acciones individuales es como leer todos los envoltorios de caramelos de la tienda antes de decidir qué comprar: lleva mucho tiempo, y aun así podrías equivocarte.

Un ETF que sigue un índice es una elección rápida. Está gestionado por profesionales cuyo único objetivo es replicar los rendimientos del índice de referencia con unas comisiones de gestión reducidas. Tienes más tiempo para dedicarte a actividades que te gustan.

Lo esencial

Invertir en todo el mercado de valores es jugar a largo plazo, como plantar un jardín. No plantarías un solo tipo de flor y esperarías lo mejor. Plantarías muchos tipos diferentes, sabiendo que aunque algunas no florezcan, otras sí lo harán.

El mercado de valores es igual. Puede tener altibajos, pero todo el mercado tiende a crecer con el tiempo.

Comprar un ETF que siga la evolución de todo el mercado puede no ser tan emocionante como elegir acciones, pero puede conducir a un progreso constante hacia la consecución de tus objetivos financieros.

Mi enfoque recomendado de la inversión se basa en la premisa de que captar los rendimientos de dos índices amplios (un índice bursátil mundial y un índice de bonos del Tesoro estadounidense) es una forma sencilla, responsable e inteligente de invertir a largo plazo.

¿Quién está de acuerdo?

Además de la gran cantidad de datos que respaldan este enfoque, he aquí una muestra de citas de autores muy respetados, inversionistas y otras personas que están de acuerdo:

Un fondo indexado de bajo costo es la inversión en renta variable más sensata para la mayoría de los inversionistas.

Warren Buffett, inversionista legendario y presidente de Berkshire Hathaway, famoso por su enfoque de inversión en valor y por convertir una fábrica textil en quiebra en un conglomerado colosal, lo que le ha convertido en una de las personas más ricas del mundo.

El público estaría mejor en un fondo indexado.

Peter Lynch, célebre autor de inversiones que fue gestor del Fondo Magellan en Fidelity Investments, donde obtuvo una rendimiento promedio anual del 29,2% entre 1977 y 1990.

La experiencia demuestra de forma concluyente que los compradores de fondos indexados probablemente obtendrán resultados superiores a los del típico administrador de fondos, cuyos elevados honorarios de asesoramiento y considerable rotación de cartera tienden a reducir los rendimientos de la inversión.

Burton Malkiel, economista de Princeton y autor de *A Random Walk Down Wall Street.*

Wall Street, con su ejército de corredores, analistas y asesores que canalizan billones de dólares en fondos de inversión, fondos de alto riesgo y fondos de capital riesgo, es un fraude elaborado.

Michael Lewis, autor de bestsellers como *Liar's Poker y The Big Short.*

Una encuesta realizada entre economistas de talla mundial, entre los que se encontraban varios premios Nobel, coincidió unánimemente con la siguiente afirmación: *En general, en ausencia de información privilegiada, un inversionista en renta variable puede esperar obtener mejores resultados manteniendo un fondo indexado pasivo, bien diversificado y con comisiones bajas, que manteniendo unas pocas acciones.*

El Plan

Mis recomendaciones incluyen un ETF de acciones que te dé exposición al mercado bursátil mundial y un ETF de bonos que proporcione estabilidad a tu cartera cuando el mercado bursátil se hunda.

Empieza por conocer dos índices de referencia.

> **1. El Índice FTSE Global All Cap** abarca tanto mercados consolidados como mercados aún en desarrollo. Durante el periodo comprendido entre enero de 2014 y enero de 2024, la rentabilidad media anualizada del índice FTSE Global All Cap fue del 8.31% anual. Los rendimientos de un periodo más largo no estaban disponibles públicamente.

No puedes comprar el índice, pero puedes acceder a sus rendimientos a través de ETFs, como el ETF Total World Stock de Vanguard (símbolo de mercado: VT), que invierte en 9823 acciones, tanto extranjeras como nacionales, de mercados consolidados y en desarrollo. La costo de administración de VT es sólo del 0.07%. A 31 de enero de 2024, VT gestionaba 43,500 millones de dólares.

2. El Índice ICE BofA Merrill Lynch del Tesoro de EE.UU. a 1-3 años: Este índice sigue la rentabilidad de los valores del Tesoro estadounidense con vencimientos de uno a tres años. Es un índice de referencia ampliamente reconocido para los bonos del Tesoro estadounidense a corto plazo. Durante el periodo comprendido entre el 31 de diciembre de 1987 y el 29 de diciembre de 2023, la rentabilidad media anualizada del índice ICE BofA Merrill Lynch del Tesoro de EE. UU. a 1-3 años fue del 4,93% anual.

Un ejemplo de ETF que pretende replicar este índice es iShares 1-3 años Treasury Bond ETF (símbolo de mercado: SHY). La costo de administración de SHY es del 0.15%. A 16 de febrero de 2024, SHY tenía más de 25.000 millones de dólares bajo gestión.

Nota: Tanto si inviertes en un fondo indexado como en un ETF, puede haber ligeras diferencias en el rendimiento debido al "error de seguimiento", que se refiere a la divergencia entre el rendimiento del fondo y el índice que sigue. Esto puede deberse a las comisiones de administración, los costos de trading y una réplica imperfecta de la composición del índice.

¿Qué pasa con los bonos extranjeros?

Te habrás dado cuenta de que la parte de acciones del portafolio incluye exposición a acciones extranjeras, pero la parte de bonos se limita a bonos del Tesoro estadounidense. ¿Necesitas diversificar de bonos para incluir bonos extranjeros?

El objetivo de mantener bonos del Tesoro estadounidense es mitigar la volatilidad de tu portafolio. No es aumentar los rendimientos. Para aumentar los rendimientos esperados, aumenta tu asignación a las acciones.

Aunque algunos expertos financieros creen que no necesitas una mayor diversificación ganando exposición a los bonos extranjeros, otros no están de acuerdo.

Vanguard recomienda una asignación del 30% de tu cartera de bonos a bonos internacionales. Puede que no necesites seguir esta recomendación si tu cartera es pequeña y sin complicaciones.

Puedes exponerte rápidamente a un índice compuesto por bonos del Estado de mercados desarrollados no estadounidenses invirtiendo en IGOV, un ETF que sigue ese índice. IGOV tiene bonos de distintos países, excepto de EE.UU. Cuando inviertes en él, estás comprando una pequeña parte de muchos bonos del Estado extranjeros a la vez. Su costo de administración es del 0,35%.

La exposición a las acciones influye en los rendimientos esperados

El porcentaje de tu portafolio asignado a acciones influye en tus rendimientos esperados a lo largo del tiempo porque tradicionalmente las acciones han ganado más que los bonos. Cuanto mayor sea tu asignación a acciones, mayores serán tus rendimientos esperados, pero tu cartera será más volátil que una con una mayor asignación a bonos.

No confundas "riesgo" con "volatilidad".

"Volatilidad" describe el cambio en el precio de un valor o un índice (ya sea al alza o a la baja). Los grandes cambios en la volatilidad pueden ser generar estrés, pero sólo afectarán a los rendimientos si compras o vendes.

Morningstar describe el "riesgo" como "la posibilidad de que no puedas cumplir tus objetivos financieros o tus obligaciones, o de que tengas que replantearte tus objetivos porque las circunstancias hayan cambiado".

Para los inversionistas más jóvenes, mantener dinero en efectivo o en bonos con un interés bajo sería tener un portafolio arriesgado si no siguiera el ritmo de la inflación, pero no sería volátil.

Asignaciones comunes

Aunque hay muchas posibilidades de distribuir tu portafolio entre acciones y bonos, he aquí distribuciones comunes:

- **20% acciones / 80% obligaciones** (muy conservador)
- **40% acciones / 60% bonos** (conservador)
- **60% acciones / 40% obligaciones** (orientado al crecimiento)
- **80% acciones / 20% bonos** (agresivo)

La mayoría de los inversionistas jóvenes deberían asignar un mayor porcentaje de sus portafolios a las acciones.

No existe un enfoque único para la asignación de activos. Cada inversionista tiene objetivos, tolerancia al riesgo y horizontes temporales distintos.

Puedes personalizar tu asignación de activos utilizando una calculadora de asignación de activos. Los sitios web de Vanguard e IPERS (Sistema Público de Jubilación de Iowa) tienen buenas calculadoras.

Ahora ya sabes cómo ser un inversionista DIY responsable.

Sencillo, ¿verdad?

Consejo para más riqueza

No te atasques intentando elegir las acciones adecuadas. Quédate con un ETF fiable que siga un índice amplio.

Capítulo 2

El
factor factor

Los inversionistas que no puedan tolerar periodos de rendimiento inferior al del mercado no deben desviarse del portafolio de mercado, porque pueden entrar en pánico al vender tras un periodo de bajo rendimiento, justo cuando los rendimientos futuros esperados son mayores, ya que las valuaciones relativas son más baratas.

Larry Swedroe, "Factor Investing and its (Bejavioral) Persistence: Facts and Fiction about the Zoo of Factors", Kitces

La estrategia de inversión recomendada en el Capítulo 1 para la parte de acciones de tu portafolio está ponderada por la capitalización bursátil ("capitalización bursátil").

¿Qué significa esto?

La "capitalización bursátil" indica lo grande o pequeña que es cada empresa. Se calcula multiplicando el número de sus acciones por el precio actual de cada acción. Una gran empresa con muchas acciones y un precio elevado tendrá una capitalización bursátil alta, mientras que una empresa más pequeña tendrá una capitalización bursátil más baja.

Para la mayoría de los inversionistas, tener un portafolio de inversión basado en índices de capitalización bursátil es todo lo que necesitarán para alcanzar sus objetivos financieros.

Sin embargo, debes saber que hay otra forma de invertir, fácilmente accesible para los inversionistas DIY: la inversión basada en factores.

¿Qué es la inversión basada en factores?

La inversión basada en factores es una estrategia de inversión en acciones que tienen características específicas en un esfuerzo por lograr un rendimiento superior. Se basa en una amplia investigación que demuestra que las acciones con estas características pueden superar a otras acciones durante largos periodos de tiempo.

He aquí algunos factores comunes:

- **El tamaño:** Las empresas más pequeñas pueden crecer rápidamente
- **Valor:** Acciones que están devaluadas/baratas según sus proyecciones a largo plazo
- **Impulso:** Una empresa que ha tenido buenos resultados últimamente
- **La calidad:** Empresas fuertes que obtienen buenos beneficios
- **Volatilidad:** Cuánto sube y baja el precio de la acción

Los partidarios de la inversión basada en factores "inclinan" los portafolios hacia acciones con estos factores. Creen que así obtendrán mayores rendimientos que con un portafolio tradicional ponderado por la capitalización bursátil.

Inversión basada en factores frente a inversión ponderada por capitalización bursátil

La inversión por capitalización bursátil es sencilla y fácil de entender. Suele ser más resistente cuando el mercado se hunde y ofrece rendimientos más consistentes.

La inversión basada en factores ofrece la posibilidad de obtener mayores rendimientos a largo plazo, pero puede haber largos periodos en los que su rendimiento sea inferior al de un portafolio comparable basado en la capitalización bursátil. La posibilidad de obtener mayores rendimientos con los portafolios basados en factores implica asumir más riesgos y experimentar una mayor volatilidad.

Si eres un inversionista más conservador que busca rendimientos constantes y baja volatilidad, sigue las recomendaciones sobre capitalización bursátil del Capítulo 1.

Si te sientes cómodo traduciendo un riesgo adicional por la posibilidad de obtener mayores rendimientos, y puedes soportar largos periodos de bajo rendimiento, te mostraré la forma "simple y fácil" de convertirte en un inversionista basado en factores.

ETFs multifactoriales

Para la parte de acciones de tu portafolio, en lugar de invertir en VT (recomendado en el Capítulo 1), que está ponderado por la capitalización bursátil, considera un ETF "multifactorial" como Goldman Sachs ActiveBeta U.S. Large Cap Equity ETF (GSLC). Tiene un costo de administración bajo de sólo el 0,09%. Inclina su cartera hacia acciones de valor, impulso, alta calidad y baja volatilidad. Gestiona 11,490 millones de dólares en activos.

Para la parte de bonos de tu portafolio, seguirías utilizando SHY o un ETF similar que invierta principalmente en Letras del Tesoro a corto plazo.

Ya está.

Ahora eres un inversionista basado en factores.

Consejo para más riqueza

Para los inversionistas dispuestos a intercambiar más volatilidad por rendimientos potencialmente más altos, considera la inversión basada en factores.

Capítulo 3
Inversión en planes de jubilación

La mayoría de los planes del análisis tenían exclusivamente, o una mayoría sustancial, fondos gestionados activamente. Éstos son bastante más caros que los fondos indexados y también pueden entregar una parte de sus ingresos a los proveedores o intermediarios (en una práctica conocida como "reparto de ingresos").

Americas Best 401(k), "Fees Run High for Small BUsiness Run 401(k) Plans"

Si tienes un empleo, es probable que la empresa donde trabajas patrocine un plan de retiro (más adelante en este capítulo se tratará de los trabajadores independientes y empresarios). Los planes más comunes son el 401(k), el 403(b) y el 457(b).

- Los planes 401(k) permiten a los empleados contribuir con una parte de sus ingresos antes de impuestos al ahorro para la jubilación. Estas aportaciones se invierten y crecen con impuestos diferidos hasta la edad de jubilación.
- Los planes 403(b) son similares a los 401(k), pero los ofrecen organizaciones sin fines de lucro, como escuelas y hospitales.
- Los planes 457(b) se ofrecen a los empleados públicos y permiten realizar aportaciones antes de impuestos para ahorrar para la jubilación.

Muchas empresas ofrecen aportaciones igualitarias ("match") a los participantes en planes de retiro.

Una fórmula típica de igualación es que la empresa iguale el 50% del primer 6% de la aportación salarial de un empleado. Si un empleado gana $50,000 y aporta $3,000 a su plan de jubilación, la empresa "igualaría" aportando $1,500. Estas aportaciones añaden "dinero gratis" al ahorro para la jubilación.

Los detalles de cómo funcionan las aportaciones igualitarias varían según el plan y la política de la empresa.

Opciones caras: La inmensa mayoría de los planes de jubilación en EE.UU. están patrocinados por pequeñas empresas con menos de 100 empleados.

Muchos de estos planes tienen opciones de inversión limitadas y caras. Los empleados pierden en comisiones lo que de otro modo aportarían a su plan.

Nada menos que una autoridad como Morningstar ha observado: "Si llevas mucho tiempo siguiendo los estudios de Morningstar, sabes lo importante que nos parece el costo de la inversión. El costo de administración es el predictor más probado de la rentabilidad futura de los fondos, y nuestros datos están de acuerdo".

Según un estudio, las comisiones pueden costar a una familia con dos ingresos medios casi $155,000 y consumir casi un tercio del rendimiento total de las inversiones a lo largo de la vida. Una familia con dos asalariados y mayores ingresos puede perder hasta 277.969 $.

El costo de administración ("expense ratio") de los fondos de inversión de los planes ofrecidos por las mayores plataformas utilizadas por las pequeñas empresas oscilaba entre el 1.19% y el 1.95%.

Compara estos costos exorbitantes con los ETF recomendados en el Capítulo 1:

ETF	Costo de administración
VT	0.07%
SHYO	0.15%

Esta diferencia en los costos es significativa a largo plazo.

Los costos de administración no son las únicas comisiones incluidas en los planes de jubilación. Otras cobros son los costos administrativos, de marketing, de gestión y de trading.

Malas opciones de inversión: La mayoría de los planes de pequeñas empresas de un estudio exhaustivo tenían un acceso limitado o nulo a los fondos indexados. En su lugar, las opciones de inversión estaban pobladas de fondos más caros, gestionados activamente.

Es posible que estos fondos tengan un rendimiento inferior al de los fondos indexados comparables de menor costo, como se explica en el Capítulo 8.

Los empresarios que se preocupan de verdad por sus empleados están contraatacando. Buscan proveedores que incluyan fondos indexados de bajo costo en su plan y ofrezcan un costo global de entre el 0.55% y el 0.75% anual, incluidas las comisiones de custodia y mantenimiento de registros y los servicios de asesoramiento.

Cómo debes invertir tus ahorros para la jubilación

Invertir en un plan 401(k) (y en otros planes de jubilación) con opciones de inversión limitadas y elevados costos puede llevar tiempo y esfuerzo. Sin embargo, aún puedes emplear estrategias para mejorar una mala situación.

Maximiza la aportación de la empresa: Si tu empresa ofrece una contribución igualitaria, contribuye lo suficiente para obtener la máxima igualación. Se trata de dinero gratis que puede aumentar significativamente tus ahorros para la jubilación.

Si tu empresa no iguala y las opciones de inversión son malas o caras (o ambas cosas), no inviertas en el plan. Tienes muchas alternativas, entre ellas

**Una Cuenta de Jubilación Individual (IRA) tradicional
(antes de impuestos)**

Una cuenta de jubilación individual Roth (después de impuestos)
(si cumples los requisitos)
Una cuenta de ahorro para gastos de salud
("health savings account")
Una cuenta de inversión sujeta a impuestos

Diversifica dentro de las limitaciones. Incluso con las limitadas opciones de los planes de jubilación, diversifica tus inversiones entre distintas clases de activos (por ejemplo, acciones, bonos y efectivo). Busca fondos que cubran varios sectores y regiones para repartir el riesgo.

Elige fondos de menor costo. Selecciona fondos con los costos más bajos entre las opciones de inversión disponibles. Si una de las opciones de tu plan es un fondo de jubilación objetivo de un gestor de fondos conocido, como Vanguard, Fidelity o Schwab, considera la posibilidad de invertir todas tus aportaciones en ese fondo, suponiendo que el coeficiente de gastos sea del 0.50% o inferior y que la asignación de activos en el fondo sea adecuada.

Los fondos de fecha objetivo (target-date funds) tienen una mezcla de acciones y bonos en un único fondo. Ajustan la asignación automáticamente para asumir más riesgo cuando eres joven y volverse más conservadores a medida que te acercas a la jubilación. Son lo más parecido al "piloto automático" que puedes conseguir con una inversión.

Si eso no es posible, busca fondos indexados o ETF de bajo costo que sigan un amplio índice de referencia nacional (como el Índice Wilshire 5000 Total Market), un amplio índice de referencia internacional (como el Índice FTSE Global All Cap) y un índice de bonos a corto plazo (como el Índice ICE BofA Merrill Lynch del Tesoro de EE.UU. a 1-3 años). Distribuye tus aportaciones entre esos fondos en una asignación de activos adecuada.

Si te quedan muchos años hasta la jubilación, puedes tolerar una alta volatilidad y asignar más fuertemente a las acciones.

Aboga por mejores opciones. Habla con tu empresa o con el departamento de Recursos Humanos sobre las limitadas opciones y los elevados costos de las opciones de inversión de tu plan de jubilación. Puede que estén dispuestos a considerar opciones mejores.

Trabajadores Independientes y Dueños de Negocio

El camino hacia la jubilación puede parecer plagado de incertidumbre para trabajadores independientes (freelancers) y empresarios. Sin el colchón de los planes de jubilación patrocinados por la empresa, como los 401(k)s, tienes que planificar la jubilación por tu cuenta.

Los trabajadores independientes y los dueños de negocio se enfrentan a una serie de obstáculos únicos. A menudo tienen ingresos irregulares. Sus empresas no les retienen dinero para impuestos y seguro médico, y no tienen una empresa que iguale sus cotizaciones para la jubilación. Estos factores hacen que sea aún más importante elaborar un presupuesto y una planificación cuidadosos.

Afortunadamente, existen excelentes opciones de planes de jubilación para trabajadores independientes y empresarios que puedes aplicar fácilmente. Los límites de cotización y otros requisitos cambian cada año.

Aquí tienes los más populares:

- **IRA tradicional:** Las aportaciones son deducibles de impuestos, pero pagarás impuestos a tu tasa marginal cuando retires dinero en la jubilación.
- **IRA Roth:** Las aportaciones se hacen con dinero después de impuestos, pero crecen libres de impuestos, y los retiros que hagas de la cuenta están libres de impuestos en la jubilación. Existen limitaciones de ingresos para acceder a las cuentas IRA Roth, así que comprueba que tus ingresos brutos ajustados modificados (Modified Adjusted Gross Income – MAGI) no superen el máximo permitido.
- **Solo 401(k):** Un Solo 401(k) está diseñado para trabajadores independientes sin empleados. Te permite cotizar como empresario y como trabajador, lo que aumenta significativamente el lími-

te potencial de cotización, que puede ser sustancial (un total de $69,000 en 2024, con una cotización adicional de $7,500 para quienes tengan 50 años o más).

- **Plan de Pensiones Simplificado para Empleados (SEP IRA):** Una cuenta IRA SEP te permite aportar un porcentaje de tus ingresos, con un límite que cambia anualmente. Este plan es más fácil de configurar que un Solo 401(k), pero el Solo 401(k) puede ofrecer más flexibilidad y mayores aportaciones.
- **Plan de Igualación de Incentivos de Ahorro para Empleados (IRA SIMPLE):** Un plan SIMPLE IRA proporciona a los pequeños empresarios un método simplificado para contribuir a los ahorros de jubilación de sus empleados y a los suyos propios. Los empleados pueden optar por hacer aportaciones de reducción salarial, y el empresario debe hacer aportaciones de contrapartida o no electivas. Las aportaciones se realizan a una Cuenta o Anualidad Individual de Jubilación (IRA) creada para cada empleado (una IRA SIMPLE).
- **Cuenta de Ahorros de Salud (HSA):** Una HSA puede servir también como herramienta de ahorro para la jubilación si tienes un plan de salud con deducible alto. Los fondos pueden utilizarse libres de impuestos para gastos médicos y, después de los 65 años, para cualquier fin sin penalización (aunque pagarás el impuesto sobre la renta si no se utilizan para gastos médicos).

Si combinas estos planes de jubilación con el ahorro para la jubilación en una cuenta no destinada a la jubilación, después de impuestos, siguiendo las estrategias de los Capítulos 1 ó 2, deberías estar bien encaminado para financiar una jubilación con éxito.

Consejo para más riqueza

Los planes de jubilación de las empresas suelen estar llenos de opciones de inversión caras y de bajo rendimiento, así que elige con cuidado. Si eres independiente o empresario, tienes varias opciones atractivas.

Capítulo 4
Inversión socialmente responsable

La inversión ESG es un proceso que se centra en los riesgos a largo plazo ignorados por el análisis clásico de Wall Street. Piensa en el cambio climático, la escasez de recursos naturales o una cultura de gestión tóxica que no permita a una empresa competir por los trabajadores con más talento.

Blaine Townsend, "What is ESG Investing?", *Fortune Recommends*

Los inversionistas más jóvenes lideran la inversión socialmente responsable. Tienen altos niveles de compromiso con el cambio climático. Un asombroso 90% de los millennials están interesados en realizar inversiones sostenibles.

Una encuesta reveló que el 82% de los inversionistas de la Generación Z y casi dos tercios de los jóvenes millennial "están expuestos" a inversiones medioambientales, sociales y de gobernanza (ESG, por sus siglas en inglés).

¿Qué es la inversión socialmente responsable?

La inversión socialmente responsable es un enfoque de la inversión que tiene en cuenta la rentabilidad financiera y el impacto social y medioambiental. Implica invertir en empresas que se alinean con los valores y la ética personales, como las que dan prioridad a la sostenibilidad, la diversidad y la inclusión, y las prácticas empresariales éticas.

Hay muchas opciones de inversión socialmente responsable. A mediados de

2022 había más de 550 fondos de inversión y ETF ESG a disposición de los inversionistas estadounidenses, con activos cercanos a los 300,000 millones de dólares.

Si estás pensando en invertir en un fondo ESG, debes asegurarte de que el fondo se ajusta a tus metas de inversión, objetivos, tolerancia al riesgo y preferencias.

La SEC señala que no existe una definición estándar de lo que constituye "medioambiental, social y de gobernanza". La forma de aplicar estos términos puede diferir mucho según el fondo. Algunos fondos pueden centrarse en la inversión ASG, mientras que otros consideran factores más tradicionales, como el crecimiento o el valor. La forma en que los fondos interpretan términos como "gobernanza" puede variar. ¿Significa derechos de los accionistas, diversidad, o ambos?

Comprueba si tu fondo se basa en datos de un proveedor externo para "evaluar" sus inversiones. Esta información podría ser subjetiva o poco fiable. Los distintos proveedores podrían ponderar los criterios ASG de forma diferente.

La industria de las inversiones está dispuesta a capitalizar las tendencias emergentes. Ser honesto y directo no siempre guía sus prácticas empresariales.

Cuidado con el "lavado verde".

El "lavado verde" se refiere a la comercialización de un fondo como sensible al medio ambiente, pero que no aplica prácticas de sostenibilidad. Como afirma el Nasdaq: "En pocas palabras, mucho de lo que se hace pasar por ESG es más ruido que realidad o más papilla de marketing que sostenibilidad sustantiva".

La SEC ha tomado medidas enérgicas contra el lavado verde adoptando una nueva norma que exige que el 80% de la cartera de un fondo coincida con la descripción de su nombre.

Una forma de evaluar el impacto de tu ETF es pedir un informe de impacto. Según Jon Hale, Director Global de Investigación sobre Sostenibilidad de Morningstar, un informe de impacto "...te dará una forma de evaluar el impacto de un fondo como inversión. Los informes de impacto hablan de cosas como el compromiso de los accionistas, o la huella de carbono de la cartera o la diversidad de género en los Consejos de Administración de las empresas en que invierte el fondo. Es una buena manera de hacerte una idea del impacto que estás teniendo como inversionista".

Puedes solicitar un informe de impacto a los administradores de fondos. Ponte en contacto con el departamento de atención al cliente o de relaciones con los inversionistas del administrador del fondo.

Rentabilidad de los fondos ESG

¿Hay que sacrificar la rentabilidad para ser un inversionista socialmente responsable? Para responder a esta pregunta, es útil comparar los rendimientos de un índice ESG popular con el S&P 500, ya que se trata de un índice de referencia utilizado habitualmente.

El índice ESG comparable es el índice S&P 500 ESG. Sólo se dispone de datos limitados porque este índice se creó en abril de 2019. Desde su lanzamiento hasta finales de 2022, el índice S&P 500 ESG superó al índice S&P 500 por un 9.16% acumulado.

Esto no es necesariamente una buena noticia. Es igual de probable que el índice S&P 500 ESG tenga un rendimiento inferior al índice S&P 500 en esa cantidad o más en el futuro.

Existe apoyo a la opinión de que, entre otros factores, los inversionistas en ASG están dispuestos a pagar más por esos valores, lo que reduce su costo de capital y también disminuye los rendimientos esperados.

Una encuesta realizada por la Universidad de Stanford reveló que los inversionistas más jóvenes están dispuestos a sacrificar rendimientos moderados o incluso significativos para lograr cambios medioambientales, sociales y de gobernanza.

Si no estás dispuesto a arriesgarte a obtener menores rendimientos invirtiendo en valores ASG, considera la posibilidad de hacer un donativo directo a organizaciones benéficas seleccionadas.

Cómo seleccionar un ETF ESG

Tu preocupación inicial debe ser si el fondo está alineado con tus valores. Puedes encontrar ETF que abordan diversas cuestiones ASG, como el cambio climático, la gestión de los recursos naturales, la reducción de la contaminación, los derechos humanos, el gobierno corporativo, las relaciones con la comunidad, la sostenibilidad del cambio en el suministro y muchas otras.

Considera cómo afectará a tu cartera general añadir un ETF ESG. ¿Hará que te sobreponderes en un sector o clase de activos concretos? ¿Reducirá tu diversificación global? ¿Cómo afectará al riesgo de tu cartera?

Busca ETF que sigan un índice por todas las razones expuestas en el Capítulo 1. Es probable que estos fondos obtengan mejores resultados que los fondos de gestión activa que tratan de batir los rendimientos del índice.

Fíjate en las comisiones que cobra el ETF. Verás que los fondos que intentan replicar los rendimientos de un índice suelen cobrar comisiones de gestión más bajas que sus homólogos de gestión activa.

Aquí tienes sugerencias para empezar, limitadas a grandes familias de fondos bien establecidas y ETF con bajos costos. Si estos fondos se alinean con tus valores y encajan en tu cartera, serían opciones sólidas.

> **Vanguard ESG U.S. Stock ETF (ESGV):** Sigue el índice FTSE US All Cap Choice, que incluye acciones de Estados Unidos de pequeña y gran capitalización.

Excluye las acciones de empresas dedicadas al entretenimiento para adultos, bebidas alcohólicas, tabaco, cannabis, el juego, armas químicas y biológicas, municiones de racimo, minas antipersona, armas nucleares, armas militares convencionales, armas de fuego civiles, energía nuclear y el carbón, el petróleo y el gas, así como las que no cumplen las normas laborales, de derechos humanos, medioambientales y anticorrupción específicas definidas en los Principios del Pacto Mundial de la ONU. También excluye a las empresas que no cumplen determinados criterios de diversidad.

Tiene un bajo costo de administración del 0.09% y posee acciones de 1,480 empresas, lo que la hace bastante diversificada. A 31 de agosto de 2023, tenía 6,800 millones de dólares en activos gestionados.

ETF iShares ESG Aware MSCI USA (ESGU): Sigue el Índice MSCI USA Extended ESG compuesto por empresas estadounidenses con características medioambientales, sociales y de gobernanza positivas. Invierte en valores estadounidenses de gran y mediana capitalización.

Excluye a las empresas relacionadas con las armas de fuego civiles, armas controvertidas, tabaco, carbón térmico y las arenas petrolíferas.

Invierte en 299 acciones y tiene un costo de administración del 0.15%. Al 6 de octubre de 2023, el fondo tenía activos por $12,147,690.620, lo que lo convierte en uno de los mayores ETFs ESG.

Vanguard ESG International Stock ETF (VSGX): Sigue el índice FTSE Global All Cap ex US Choice, proporcionando exposición internacional a acciones de empresas de gran, mediana y pequeña capitalización.

Excluye a las empresas relacionadas con el entretenimiento para adultos, bebidas alcohólicas, productos del tabaco, cultivo de cannabis, juegos de azar, armas químicas o biológicas, municiones, armas nucleares y de otro tipo, energía nuclear, el carbón, el petróleo y el gas, o que no cumplan criterios específicos de diversidad.

Está ampliamente diversificada, con acciones de 5,873 empresas al 31 de agosto de 2023. Tiene un bajo costo de administración del 0.12%. A 31 de agosto de 2023, administraba 3,400 millones de dólares.

Consejo para más riqueza

Dado que la mayoría de los ETFs ESG son más recientes, no tienen un historial a largo plazo, pero si la inversión socialmente responsable es importante para ti, hay opciones que merece la pena considerar.

Parte Dos
Malas Inversiones

No hagas esto.

Capítulo 5
Inversiones alternativas

Las [inversiones alternativas] prometían lograr lo que los bonos no podían. Fracasaron. No veo ninguna razón por la que el futuro vaya a traer un resultado diferente.

John Rekenthaler, "Alternative Investments have been Useless Since 2007", TEBI

El interés por las alternativas al mercado bursátil es comprensible. Los inversionistas están nerviosos por la volatilidad del mercado de valores y las caídas del mercado. Los defensores de las inversiones alternativas creen que pueden añadir protección contra la inflación, aumentar los rendimientos, reducir la volatilidad y añadir ventajas de diversificación.

Entre los ejemplos de inversiones alternativas que se suelen promocionar en los medios de comunicación están las NFT, el arte, los objetos de colección, los bienes inmuebles, los fondos de cobertura y el capital riesgo. Recientemente, la propiedad fraccionaria de estos activos ha ganado popularidad, especialmente entre los millennials.

Los inversionistas de alto patrimonio son el mercado objetivo de las inversiones alternativas. En 2022 destinaron una media del 9% de sus portafolios a alternativas.

La mayoría de los inversionistas DIY no tienen que preocuparse por invertir en alternativas. La estrategia de inversión descrita en el Capítulo 1 debería ser adecuada para tus necesidades. Si no te interesan las alternativas, puedes pasar al siguiente capítulo.

Rendimientos aleccionadores

John Rekenthaler, de Morningstar, analizó la rentabilidad global de las alternativas cotizadas en las carteras desde febrero de 2007 hasta enero de 2022.

Sólo una de las nueve alternativas de inversión superó a un fondo de bonos intermedio, y esa alternativa (bienes raíces) fue significativamente más volátil que el fondo de bonos.

También descubrió que el tan cacareado beneficio de la diversificación era menor de lo anunciado.

¿Qué son las inversiones fraccionadas?

La inversión fraccionaria se refiere a la compra de una parte de un activo mayor. Los inversionistas pueden poseer una parte de algo, como una obra de arte, una parcela inmobiliaria o una acción, sin comprar el activo completo.

El mercado de la inversión fraccionaria ha experimentado un crecimiento significativo en los últimos años, impulsado por la tecnología y la entrada de nuevas plataformas que permiten la propiedad fraccionaria de una amplia gama de activos.

Algunas de las inversiones fraccionarias más comunes, y sus ventajas e inconvenientes, son:

Non fungible Tokens (NFTs): Ejemplos de NFT son las obras de arte digitales únicas, un objeto virtual raro en un videojuego, música, películas y gráficos. Estos activos pueden comprarse y venderse como objetos de colección tradicionales. Se almacenan en la cadena de bloques (blockchain) y son fácilmente verificables.

El principal beneficio de los NFT es la eficiencia del mercado. Cryptonews afirma: "Convertir un producto físico en un activo digital tiene el potencial de mejorar las cadenas de suministro, reducir los intermediarios y aumentar la seguridad".

La digitalización de un bien puede aumentar su valor al permitir que se divida en fracciones, lo que de otro modo sería imposible para bienes como joyas y esculturas.

La tecnología blockchain que conserva la información sobre las NFT es segura y fiable. Las NFT también pueden reducir la volatilidad de una cartera porque es poco probable que su precio esté correlacionado con las acciones y los bonos.

Sin embargo, las NFT son volátiles e ilíquidas, con compradores y vendedores limitados. No generan ingresos. Una inversión en una NFT se basa en la revalorización, que es incierta.

Las NFT son objeto de fraude cuando el activo subyacente se vende como NFT sin el permiso del creador de la obra. La minería de NFT tiene un impacto adverso sobre el medio ambiente similar al de las criptomonedas (tratado en el Capítulo 7).

El arte: El mercado de la inversión fraccionada en arte está creciendo rápidamente. Masterworks, una de las plataformas líderes en este nicho, declaró 811,803 miembros y $882,509,470 en activos gestionados, al 12 de septiembre de 2023.

Aunque el arte puede generar grandes rendimientos, invertir en él es arriesgado. Puede ser difícil determinar su valor, que puede variar en función de muchos factores diferentes (y a menudo desconocidos). Las comisiones y los costos de compra y venta pueden ser significativos.

Determinar la autenticidad de las falsificaciones puede ser difícil y caro. Esta observación del sitio web de Mariana Custodio, una galería de arte contemporáneo en línea, es aleccionadora: "El opaco y poco regulado mercado del arte es, en realidad, bastante vulnerable a las falsificaciones, el fraude fiscal y el blanqueo de dinero, por nombrar sólo algunos".

Coleccionables: Esta categoría puede incluir coches antiguos, recuerdos deportivos, vino y whisky, cómics, zapatos deportivos, relojes, joyas y bolsos de diseñador.

El tamaño del mercado de coleccionables fraccionados también está creciendo, con plataformas como Rally y Otis ganando popularidad.

Los coleccionables pueden ser difíciles de entender, tienen costos de transacción elevados y pueden ser falsos. El rendimiento de los objetos de colección puede estar correlacionado con el rendimiento del mercado financiero en general, "ya que un mercado general mejor suele conducir a un mercado de objetos de coleccionables mejor".

El sector inmobiliario: El mercado inmobiliario mundial es inmenso, y la propiedad fraccionaria representa un segmento en crecimiento. Fundrise, una popular plataforma de inversión inmobiliaria fraccionaria, informa de que más de dos millones de usuarios la han utilizado para invertir en bienes inmuebles, capital de riesgo y crédito privado.

Si eres propietario de una vivienda, ya tienes una parte importante de tu patrimonio neto en una inversión inmobiliaria. Si tienes una cartera de acciones diversificada globalmente (como VT, recomendada en el Capítulo 1), una pequeña parte de tu cartera está invertida en bienes raíces.

Invertir en bienes raíces tiene muchas ventajas, ya sea poseyéndolos directamente o comprando una participación fraccionaria, entre las que se incluyen la revalorización potencial de la propiedad, un posible flujo de caja positivo, un aumento del patrimonio neto con el tiempo, ventajas fiscales, una posible protección contra la inflación y la diversificación de tu cartera.

Uno de los principales inconvenientes de los bienes raíces es la falta de liquidez. Puede ser difícil deshacerse rápidamente de bienes inmuebles físicos.

Los elevados requisitos de liquidez pueden ser otro aspecto negativo. Los bancos pueden insistir en un gran pago inicial, dependiendo del tipo y la ubicación de la propiedad y de tu situación financiera.

Si decides invertir en propiedades de alquiler y administrarlas tú mismo, planea pasar tiempo ocupándote de los inquilinos y de los problemas de mantenimiento. Si te parece bien hacerlo, ser propietario de inmuebles de alquiler puede ser una forma excelente de acumular riqueza con el tiempo, al tiempo que proporciona importantes ventajas fiscales.

Una inversión fraccionada en bienes inmuebles elimina los elevados requisitos de efectivo y mantenimiento, pero sigue existiendo el problema de la liquidez.

Mercado de valores: Las participaciones fraccionarias en el mercado de valores son cada vez más comunes. La plataforma más destacada, Robinhood, ofrece trading sin comisiones para acciones, ETFs, opciones y criptomonedas. Las acciones fraccionarias pueden ser tan pequeñas como 1/1,000,000 de una acción.

En agosto de 2023, Robinhood declaró 23.2 millones de cuentas acumuladas netas e ingresos netos de 486 millones de dólares.

Propiedad intelectual y medios de comunicación: Se pueden comprar participaciones fraccionarias en obras creativas y propiedades digitales, incluidos los derechos de autor de música, cine o televisión.

MusicSplit te permite comprar fracciones de canciones. Songvest se centra en los derechos de autor de la música. Royalty Exchange subasta los derechos de autor de música, películas y otras propiedades. Publica es una "plataforma editorial peer-to-peer sin fronteras en la que los autores suben un libro, y los compradores adquieren fichas intercambiables en el libro para intercambiarlas o regalarlas a otros".

¿Deberías invertir?

La proliferación de oportunidades de inversión fraccionaria refleja una tendencia más amplia hacia una mayor accesibilidad y democratización de las herramientas de creación de riqueza.

Aunque esto puede ser una evolución positiva, las inversiones fraccionarias tienen los siguientes riesgos, que deben evaluarse cuidadosamente:

- **Control limitado:** Los inversionistas suelen tener poca o ninguna voz en la gestión o en el proceso de toma de decisiones relacionadas con el activo.
- **Liquidez limitada:** Aunque algunas inversiones fraccionarias ofrecen liquidez, otras, como los bienes inmuebles, el arte y los objetos de colección, pueden tener periodos en los que cobrar no es fácil, inmediato ni sencillo.
- **Las comisiones:** Las comisiones pueden estar asociadas a las plataformas que facilitan estas inversiones, lo que puede mermar los beneficios.
- **Riesgo de plataforma:** Las plataformas que facilitan estas inversiones pueden no ser financieramente estables o incluso honestas, lo que puede causar una pérdida significativa de tu inversión.
- **Riesgo de mercado:** La propiedad fraccionaria no elimina los riesgos inherentes a la inversión. Si el activo se deprecia, te enfrentarás a posibles pérdidas.

Es esencial llevar a cabo una investigación exhaustiva y considerar la liquidez, la administración y los métodos de valuación asociados a estos activos alternativos antes de invertir. Esto puede suponer un reto en ámbitos que no están regulados y en los que no se exige información obligatoria. En esas situaciones, la posibilidad de abuso aumenta considerablemente.

Si decides invertir en alternativas, mediante propiedad fraccionada o de otro modo, limita tu inversión a una pequeña parte de tu cartera global.

La mayoría de los inversionistas millennials no deberían preocuparse por las alternativas.

Consejo para más riqueza

La mayoría de los inversionistas pueden alcanzar sus objetivos financieros sin invertir en alternativas.

Capítulo 6
Suerte en la Lotería

Todo el mundo sueña con esa gran victoria: el gran cheque, los globos, la seguridad económica, pero eso es una quimera.

Larry Swedroe, "Avoid the Investment Lottery", *Yahoo Finanzas*

Tengo que confesarte algo.

Cuando la lotería se acerca a los $1,000 millones de dólares, compro un boleto. Conozco las probabilidades (aproximadamente una entre 300 millones), pero lo hago de todos modos. Tengo todo tipo de racionalizaciones para mi comportamiento como: "Alguien va a ganar, ¿por qué no yo?".

Incluso contemplo lo que haría si ganara. ¿Qué equipo tendría que formar? ¿Cómo podría utilizar mis ganancias para lograr el impacto más significativo?

He sucumbido al atractivo de los rendimientos similares a los de la lotería.

Rendimientos similares a los de la lotería en la inversión

Convertirse en millonario de la noche a la mañana tiene un atractivo magnético. Nos atrae hacia inversiones arriesgadas como las acciones "de un céntimo", las acciones de empresas en quiebra, las OPI (ofertas públicas iniciales de empresas) y tratar de elegir al próximo Amazon o Facebook.

Todas estas inversiones comparten la característica de la lotería tradicional: Las probabilidades de éxito son muy bajas, pero el atractivo es el "gran acierto", si tenemos suerte.

Comprender cómo nuestro cerebro nos incita a apostar en lugar de invertir con sensatez puede ayudarnos a resistir esta tentación y a recuperar el rumbo.

El papel de nuestro cerebro

Nuestro cerebro está programado para buscar recompensas, un rasgo evolutivo que ayudó a nuestros antepasados a sobrevivir. La dopamina desempeña un papel importante en nuestro proceso de toma de decisiones.

Cuando anticipamos una ganancia monetaria, el sistema de recompensa de nuestro cerebro se <u>activa</u> liberando dopamina y testosterona, que proporcionan sensaciones de gratificación.

Hay <u>pruebas</u> de que los traders de bolsa que obtienen beneficios en varias operaciones consecutivas experimentan el mismo efecto que recibirían de una droga ilegal. Su "ganancia" se vuelve adictiva, empujándoles a adoptar comportamientos más arriesgados.

El impacto de la dopamina en las decisiones de inversión se ha generalizado, dando lugar a terminología como "<u>el portafolio dopamina</u>" que se centra en la gratificación instantánea y se basa en el miedo a perderse algo.

Si quieres luchar contra la tentación de los rendimientos similares a los de la lotería, comprender el papel de las emociones y la liberación de dopamina es un excelente primer paso.

Aversión a las pérdidas

La "<u>aversión a la pérdida</u>" se refiere a nuestra tendencia a preferir evitar pérdidas a obtener ganancias equivalentes. El impacto emocional negativo de una pérdida es aproximadamente el doble de fuerte que el impacto emocional positivo de una ganancia equivalente.

Cuando experimentas una pérdida en tus inversiones, puedes sentirte más inclinado a buscar rendimientos similares a los de la lotería, como invertir en acciones de alto riesgo o participar en actividades de juego, porque no quieres enfrentarte a tus pérdidas.

Consejo para más riqueza

Una vez que comprendas los sesgos cognitivos, podrás resistir la tentación de buscar rendimientos similares a los de la lotería.

Capítulo 7

Confusión sobre las criptomonedas

Algo como Bitcoin, es un token de juego y no tiene ningún valor intrínseco, pero eso no impide que la gente quiera jugar a la ruleta.

Warren Buffett, "Bitcoin's Price Surges Above $30,500; but Warren Buffett Still Thinks it's a Gamble", Investor's Business Daily.

Si quieres invertir una pequeña parte de tus fondos discrecionales en criptomonedas, es una decisión personal.

Nadie sabe realmente si los precios del mercado de criptomonedas se hundirán o explotarán, por lo que hacer una inversión importante en criptomonedas puede impedirte alcanzar tus objetivos.

¿Qué es una criptomonedas?

Las criptomonedas son monedas virtuales que utilizan la criptografía para su seguridad. Puede utilizarse como método de pago alternativo o como inversión.

Las criptomonedas se rastrean mediante "blockchain", que registra las transacciones. Normalmente se crean mediante la "minería", un proceso en el que intervienen computadoras que resuelven problemas complejos para verificar la autenticidad de las transacciones.

Puedes comprar criptomonedas a una casa de cambio (exchange) o a otro usuario.

Hay más de 22,000 criptomonedas diferentes que se negocian públicamente. La más conocida es Bitcoin (BTRC-USD). Otras son Ethereum (ETH-USD) y Litecoin (LTC-USD).

Pros de las criptomonedas

Los partidarios de invertir en criptomonedas consideran atractivo que las entidades gubernamentales no tengan control sobre el valor de las criptomonedas y creen que son seguras.

Algunos también creen que tener criptomonedas aumenta la diversificación de tu portafolio porque el valor de las criptomonedas no está correlacionado con el precio de las acciones y los bonos.

Creen que Bitcoin, en particular, puede actuar como cobertura contra la inflación porque hay un límite en el número de monedas emitidas. El número máximo de Bitcoins que pueden emitirse es de 21 millones. Se prevé que alcance ese límite en 2140.

Para algunos inversionistas, el anonimato de invertir en criptomonedas es una ventaja. No tienes que facilitar identificación ni someterte a una verificación de antecedentes o de crédito.

Contras de las criptomonedas

La seguridad de las criptomonedas no es absoluta, ya que existe la posibilidad de un ataque a una blockchain, que podría causar estragos.

La seguridad de las inversiones en criptomonedas es discutida. Los depósitos bancarios están asegurados por el gobierno estadounidense. Tu "cartera" online de criptomonedas no lo está.

La naturaleza anónima de las transacciones con criptomonedas es engañosa.

Las transacciones de criptomonedas dejan un rastro digital que las agencias federales pueden descifrar.

También hay cuestiones problemáticas relacionadas con la necesidad de una regulación uniforme de las criptomonedas, que añaden incertidumbre a estas transacciones. Mientras que las criptomonedas son actualmente legales en EEUU, China no reconoce las criptomonedas como moneda de curso legal y prohíbe su circulación.

Recientemente, ha habido problemas con las plataformas de criptomonedas. Una de las principales, FTX, se declaró en quiebra en noviembre de 2022. Su antiguo CEO, Sam Bankman-Fried, ha sido condenado por siete cargos de fraude electrónico y conspiración.

La SEC ha demandado a Binance, la mayor bolsa de criptomonedas del mundo, acusándola de inflar artificialmente los volúmenes de trading y de no controlar las cuentas estadounidenses. El director ejecutivo de Binance, Changpeng Zhao, se declaró culpable de no mantener un programa eficaz de prevención de lavado de dinero. La empresa acordó pagar una multa de 4,000 millones de dólares para poner fin a múltiples investigaciones federales.

No existen protecciones legales cuando realizas un pago en criptomonedas, a diferencia de tu capacidad para disputar los cargos cuando utilizas una tarjeta de crédito o débito.

La minería de criptomonedas también tiene un importante impacto negativo en el medio ambiente. Según EarthJustice, la minería de criptomonedas se disparó en Estados Unidos tras su prohibición en China en 2021.

Se calcula que Bitcoin consumió 36,000 millones de kilovatios hora de electricidad entre julio de 2021 y julio de 2022. Este consumo masivo aumenta las emisiones de carbono y empeora la calidad del aire.

La minería de criptomonedas liberó más de 27.4 millones de toneladas de dióxido de carbono al medio ambiente entre mediados de 2021 y 2022. Según Climate.gov, al añadir más dióxido de carbono a la atmósfera, se sobrealimenta el efecto invernadero natural, lo que provoca un aumento de la temperatura global.

No especules

Si no te plantearías invertir una gran parte de tus fondos de jubilación en acciones altamente especulativas, no deberías hacer lo mismo con las criptomonedas.

Según Schwab, "Bitcoin y otras criptomonedas son inversiones altamente especulativas, ya que la oferta y la demanda impulsan su volatilidad, no su valor intrínseco".

Consejo para más riqueza

No dejes que la inversión en criptomonedas te distraiga de alcanzar tus objetivos financieros.

Capítulo 8
Mitos de la inversión

Un número abrumadoramente elevado de inversionistas debería tratar de ingresar en el club de la gestión pasiva. Este grupo, en lugar de arañar una pequeña ventaja en los extraordinariamente eficientes mercados actuales, acepta sabiamente lo que los mercados ofrecen.

Charles D. Ellis, *Winning the Loser's Game: Timeless Strategies for Successful Investing*

La clave del éxito en la inversión es la sensatez, pero puede ser difícil encontrarla en los medios de comunicación actuales, atestados de voces que afirman saber qué es lo mejor para ti. La clave está en saber a quién ignorar.

He aquí algunos de los mayores mitos sobre la inversión y las pruebas que los desmienten.

Mito: Trading con margen es una buena idea.

Trading con margen implica pedir dinero prestado para invertir en acciones, apalancando de hecho tus inversiones. La idea es que puedes amplificar tus ganancias. Sin embargo, este mito está plagado de riesgos que pueden provocar pérdidas sustanciales.

Verdad: Trading con margen es arriesgado.

El trading con margen magnifica tanto las ganancias como las pérdidas. Cuando los mercados son volátiles, como ocurre a menudo, es fácil quedar atrapado en una espiral descendente de deudas. La historia ha demostrado que un exceso de trading de márgenes contribuyó a las caídas de los mercados, como la Gran Depresión de los años 30 y la burbuja de las puntocom a principios de la década de 2000.

Invertir con margen también te obliga a pagar intereses, lo que repercute negativamente en tus rendimientos.

Mito: El trading diario es una buena idea.

El trading diario, en el que los inversionistas compran y venden activos en el mismo día de negociación, ha ganado popularidad gracias al atractivo de los beneficios rápidos. Sin embargo, es un mito que el trading diario sea una estrategia sostenible y rentable a largo plazo.

Verdad: El trading diario produce pérdidas.

Las investigaciones demuestran que la inmensa mayoría de los operadores diarios incurren en pérdidas significativas a lo largo del tiempo. Según un estudio, más del 80% de los operadores diarios pierden dinero, y menos del 1% obtienen beneficios de forma constante.

Mito: Invertir en oro tiene sentido.

El oro se ha considerado un activo refugio durante siglos. Muchos inversionistas creen que es una cobertura fiable contra las turbulencias económicas. Sin embargo, la idea de que invertir en oro es siempre una estrategia acertada es un mito.

Verdad: El oro ha tenido un rendimiento inferior al de las acciones estadounidenses.

Aunque el oro puede servir como activo refugio y como cobertura contra la inflación, sus rendimientos a largo plazo no son tan impresionantes como muchos creen. De 1971 a 2022, las acciones estadounidenses tuvieron una rentabilidad media anual del 10.21%, frente al 7.78% del oro.

Un argumento más convincente contra la inversión en oro es que sólo vale lo que otra persona esté dispuesta a pagar por él cuando quieras venderlo. A diferencia de la inversión en empresas con potencial para obtener beneficios, el oro no genera ingresos.

El comportamiento histórico del oro no es indicativo de los precios futuros.

Mito: Elegir acciones y determinar el momento adecuado para invertir tienen sentido.

Muchos inversionistas creen que pueden ser más astutos que el mercado eligiendo acciones individuales y programando sus compras y ventas para maximizar los beneficios. Sin embargo, este mito ignora evidencia que sugiere lo contrario.

Verdad: Las estrategias pasivas ganan más.

Las investigaciones demuestran sistemáticamente que los portafolios administrados activamente, en los que los administradores de fondos intentan elegir valores ganadores y tomar el tiempo del mercado, obtienen resultados inferiores a las estrategias pasivas basadas en índices a largo plazo. De hecho, la mayoría de los gestores de fondos profesionales no consiguen batir sistemáticamente a sus índices de referencia.

Mito: El anáñisis técnico tiene sentido.

El análisis técnico consiste en analizar los movimientos y patrones pasados de los precios para predecir los precios futuros de las acciones. Es un mito que este enfoque sea una forma fiable de tomar decisiones de inversión.

Verdad: El análisis técnico no es eficaz.

Numerosos estudios han demostrado que el análisis técnico no es más eficaz que el azar a la hora de predecir los movimientos de las cotizaciones bursátiles. Los Traders técnicos suelen basarse en interpretaciones subjetivas de gráficas, lo que puede dar lugar a predicciones incoherentes e inexactas.

Mito: *Invierte siempre en acciones de empresas de alta calidad.*

Las acciones de empresas de alta calidad, caracterizadas por la estabilidad y unos fundamentos sólidos, ofrecen mayores rendimientos esperados en comparación con las acciones más arriesgadas.

Verdad: *A veces lo más arriesgado es lo mejor.*

Las acciones de empresas de alta calidad se perciben como menos arriesgadas y ofrecen menores rendimientos esperados. Aunque proporcionan estabilidad y menor volatilidad, las acciones más volátiles tienen el potencial de ofrecer mayores rendimientos.

Centrarse en acciones de empresas de alta calidad tiene otro inconveniente. Un estudio descubrió que sólo el 4% de las empresas cotizadas explican la ganancia neta de todo el mercado bursátil estadounidense desde 1926. Los rendimientos de las demás acciones coincidieron colectivamente con los de las Letras del Tesoro.

Si limitas tus inversiones a acciones de alta calidad (o acciones con otras características), es probable que te pierdas el ínfimo porcentaje de acciones con mejores resultados.

Para construir una estrategia de inversión sólida, ten en cuenta las estrategias de inversión tratadas en los Capítulos 1 y 2. Siguiendo estos principios basados en la evidencia, puedes aumentar tus posibilidades de alcanzar tus objetivos financieros.

Mito: *Dedica tiempo a investigar acciones individuales.*

Muchos inversionistas creen que investigar a fondo antes de comprar acciones es beneficioso y necesario para invertir con éxito.

La verdad: *La investigación es una pérdida de tiempo.*

Los precios de las acciones se ven influidos por diversos factores, incluidos acontecimientos futuros impredecibles. Es poco probable que tu investigación descubra algo que no sea ya de dominio público y conocido por millones de otros inversionistas. Esos inversionistas compran y venden acciones cada minuto de cada día.

¿Qué probabilidad hay de que el precio que el mercado fija a una acción sea demasiado bajo o demasiado alto?

Si estás comprando o vendiendo una acción, hay alguien al otro lado del trading cuya evaluación es diferente de la tuya. ¿Hasta qué punto estás seguro de que tú tienes "razón" y ellos están "equivocados"?

Mito: ¿Por qué conformarse con rendimientos promedio?

No te dejes engañar cuando te digan que los rendimientos basados en índices son "promedio" o que invertir en fondos indexados y ETFs está "bien para principiantes".

Verdad: Los rendimientos del índice no son "promedio".

Durante los 15 años que finalizaron el 30 de junio de 2023, según los informes SPIVA, el 95.80% de todos los fondos básicos de gran capitalización de EE.UU. *obtuvieron resultados inferiores* al índice S&P 500.

Si tuvieras un fondo indexado con comisiones bajas que siguiera el mismo índice, tus rendimientos (que se verían reducidos por las bajas comisiones de gestión) habrían sido superiores a los rendimientos de la mayoría de los fondos gestionados activamente que intentaban batir ese índice.

Eso no es "promedio".

Mito: Puedes obtener mayores rendimientos con menor riesgo.

Es fácil dejarse tentar por inversiones que prometen altos rendimientos con poco riesgo. La mayoría de las veces, los beneficios son ilusorios y el riesgo es mucho mayor de lo que se dice.

Verdad: Muchas inversiones son demasiado buenas para ser verdad.

Salvo excepciones menores, una estrategia de inversión que pague más intereses que las Letras o Pagarés del Tesoro (o prometa un rendimiento mayor) durante un periodo comparable es un fraude o implica más riesgo que comprar Letras del Tesoro.

Mito: Invierte en "ganadores" del pasado.

Los fondos de inversión con un buen historial reciente pregonan su rendimiento histórico. La implicación es que el rendimiento pasado predice el futuro.

No lo es.

Verdad: El pasado no predice el futuro.

Los resultados pasados no predicen los resultados futuros. Las decisiones de inversión deben basarse en algo más que los rendimientos históricos.

James Choi, profesor de Finanzas en Yale, estudió la relación entre los rendimientos pasados y los futuros y descubrió: "En todo caso, en las dos últimas décadas, parece que te va un poco peor si persigues los rendimientos pasados de los fondos de inversión".

Mito: Los consejos fiables se encuentran en los libros populares de finanzas.

Si lees algo en un libro sobre inversión, es fácil creer que debe ser exacto.

No siempre es así.

Verdad: Los consejos populares no suelen ser sabios.

Hay muchos libros que pregonan estrategias de sincronización con el mercado, sistemas de selección de valores y libros sobre "análisis técnico". Hay poco apoyo académico creíble para cualquiera de estas prácticas de inversión.

Por ejemplo, en *Los 9 pasos hacia la libertad financiera*, Suze Orman afirma que poseer un fondo de inversión proporciona una cartera diversificada "porque posees un poco de todo en lo que invierten".

Muchos fondos de inversión se centran en un sector o mercado concreto, como el energético, el inmobiliario o el sanitario. Poseer uno de estos fondos *no* proporciona una cartera adecuadamente diversificada y puede exponerte a un riesgo inadecuado.

El presentador de radio Dave Ramsey, en su libro *The Total Money Makeover*, cree que una tasa de retirada segura para tu dinero de jubilación es del 8%.

Fidelity Investments es más preciso: "Para un alto grado de confianza en que puedes cubrir una cantidad constante de gastos en la jubilación (es decir, debería funcionar el 90% de las veces), procura no retirar más del 4% al 5% de tus ahorros en el primer año de jubilación, y luego ajusta la cantidad cada año en función de la inflación."

James Choi, el profesor de Yale mencionado anteriormente en este Capítulo, revisó 50 de los libros de finanzas más populares y descubrió que con frecuencia se desviaban de los consejos sólidos y con base académica. Concluyó que los consejos populares a veces se basan en "falacias".

¿Por qué hay tantos mitos sobre la inversión?

- **La psicología humana:** Invertir suele implicar decisiones complejas e incertidumbre, lo que puede crear ansiedad y miedo. Nos sentimos naturalmente atraídos por historias y mitos que prometen soluciones fáciles y rápidas, aunque esas soluciones sean poco realistas.

- **Sesgo de exceso de confianza:** Muchos inversionistas tienden a sobrevalorar sus propias capacidades y creen que pueden batir al mercado o tomar mejores decisiones de inversión que los demás. Este exceso de confianza puede conducir a la propagación de mitos sobre la inversión.
- **Sesgo de confirmación:** La gente suele buscar información que confirme sus creencias y prejuicios existentes. Si alguien cree en un determinado mito de la inversión, es más probable que comparta información que apoye esa creencia, creando un ciclo que se refuerza a sí mismo.
- **Intereses de la industria financiera:** La industria financiera puede tener interés en promover determinados productos o estrategias de inversión, aunque no sean lo mejor para los inversionistas particulares. Esto puede dar lugar a la difusión de información engañosa.
- **Falta de educación financiera:** Muchas personas carecen de una comprensión sólida de los principios financieros y las estrategias de inversión. Esta falta de conocimientos les hace vulnerables a los mitos y la desinformación sobre inversiones.
- **Sensacionalismo mediático:** Los medios de comunicación suelen destacar historias de éxitos o fracasos extraordinarios en la inversión. Estas historias sensacionalistas pueden generar expectativas poco realistas e ideas erróneas sobre cómo funciona la inversión.
- **Mentalidad de rebaño:** Los inversionistas a veces siguen a la multitud y adoptan tendencias o mitos de inversión populares. Esta mentalidad de rebaño perpetúa los mitos.
- **Miedo a perderse algo:** El miedo a perderse posibles ganancias puede llevar a los inversionistas a tomar decisiones impulsivas basadas en rumores e información poco fiable.

Consejo para más riqueza

Huye de los mitos de la inversión que impiden tu capacidad para aplicar una estrategia de inversión sencilla y fácil, basada en investigaciones revisadas por expertos.

Capítulo 9
Terribles consecuencias

Según nuestros resultados, los movimientos de los mercados bursátiles tienen un efecto claro y reconocible en la variación porcentual de las tasas de suicidio en 36 países.

Tomasz Piotr Wisniewski; Brendan John Lambe; Keshab Shrestha, *Do Stock Market Fluctuations Affect Suicide Rates?* (13 de julio de 2018)

¿Te has planteado alguna vez tu relación con la inversión? Puede que te parezca un campo de batalla lleno de pérdidas y decepciones, en lugar de una experiencia enriquecedora.

No estás ni mucho menos solo en este sentimiento. Muchos encuentran que su asociación con la inversión refleja las tensiones de una relación tóxica, minando su energía mental y su resistencia emocional.

Gran parte de la culpa debe atribuirse directamente a los medios de comunicación financieros.

Una fuente de desinformación

La prensa financiera hace hincapié en el miedo, la incertidumbre y el dramatismo para atraer la atención, lo que genera ansiedad y puede hacer que tomes decisiones de inversión impulsivas.

Impulsa narrativas simplistas según las cuales un único factor causa cada acontecimiento del mercado, lo que pasa por alto la complejidad de los mercados financieros y establece expectativas poco realistas.

Anima a los inversionistas a perseguir tendencias y opiniones fugaces y amplifica las exageraciones y rumores que difunden información errónea y distorsionan los precios de los activos a corto plazo.

He aquí un buen consejo sobre los medios financieros de <u>Retirement Researcher</u> (uns publicación especializada en temas de jubilación): "Lo primero que hay que hacer es dejar de prestar atención a los medios financieros. Es más fácil decirlo que hacerlo, pero es importante. Incluso cuando entiendes lo que están haciendo, los medios financieros son buenos para subirte firmemente a la montaña rusa del miedo frente a la codicia (después de todo, *es* su trabajo)".

Consecuencias trágicas

No es difícil encontrar historias desgarradoras de inversionistas que confiaron en información errónea y salieron mal parados.

<u>Alex Kearns</u> era un Trader de 20 años que utilizaba una popular aplicación de trading, Robinhood. Kearns pensaba que había acumulado cientos de miles de pérdidas, pero leyó mal su estado de cuenta y creyó que sus pérdidas eran mayores de lo que eran en realidad.

En su nota de suicidio, acusaba a Robinhood de permitirle asumir demasiados riesgos y se quejaba de que le daban una cantidad inadecuada de crédito, lo que le permitía hacer trading en exceso.

Al día siguiente de quitarse la vida, Robinhood le envió un correo electrónico automático indicándole que la operación en cuestión se había resuelto y que no debía dinero.

Lamentablemente, no se trata de una tragedia aislada.

<u>Un estudio exhaustivo</u> utilizó una muestra de datos de 36 países (incluido EE.UU.) y descubrió un aumento significativo de las tasas de suicidio corre-

lacionado con una disminución de los rendimientos del mercado bursátil. Los autores del estudio recomendaron "estrategias proactivas de prevención del suicidio" para quienes pudieran verse afectados por los vaivenes del mercado bursátil.

Puede que no sea una exageración afirmar que tu vida puede depender de seguir consejos de inversión revisados por expertos y con base académica. Aunque las malas decisiones financieras no acaben con tu vida, sin duda obstaculizarán tus objetivos y causarán estragos en tu calidad de vida.

Consejo para más riqueza

No subestimes las consecuencias de confiar en la desinformación difundida por los medios financieros.

Parte Tres
La fea realidad

Está mal.

Capítulo 10
Algo tiene que cambiar

Sólo el 48% de los adultos estadounidenses dicen tener suficientes ahorros de emergencia para cubrir al menos tres meses de gastos.

Lane Gillespie, "Bankrate's 2023 Annual Emergency Savings Report", *Bankrate*

El estado financiero de un escandaloso número de estadounidenses es escalofriante.

Muchos, incluidos los que más ganan, gastan por encima de sus posibilidades y viven al día. Están cargados de deudas y no tienen ahorros suficientes para emergencias, por no hablar de la jubilación. Aunque el sueño americano promete prosperidad y movilidad ascendente, la realidad financiera de muchos dista mucho de este ideal.

He aquí algunos factores que ilustran la desesperada situación económica a la que se enfrentan muchas personas.

Ahorros insuficientes

Un componente integral de la preparación para la jubilación es el ahorro personal. Sin embargo, según una encuesta del Employee Benefit Research Institute, sólo el 68% de los trabajadores estadounidenses declararon *tener* ahorros para la jubilación en 2022. Un asombroso 34% afirmó que el valor total de sus ahorros e inversiones, excluido el valor de su vivienda principal, era inferior a $25,000

Para agravar el problema, una encuesta de Bankrate descubrió que una cuarta parte de los estadounidenses no podía reunir 1,000 dólares para un gasto de emergencia sin recurrir a una tarjeta de crédito y pagarlo poco a poco.

A los millennials les resulta especialmente difícil ahorrar. Tienen otras prioridades, como saldar deudas, ahorrar para emergencias, criar a sus hijos y mantener a sus padres.

La deuda de los préstamos estudiantiles es uno de los principales culpables. Un estudio descubrió que el 40% de los hogares millennial de entre 28 y 38 años tenían una deuda por préstamos estudiantiles que ascendía a más del 40% de sus ingresos.

No es sorprendente que los millennials estén por detrás de los inversionistas de más edad en lo que se refiere al ahorro para la jubilación.

Dependencia excesiva de la Seguridad Social

Según la Social Security Administration, el 37% de los hombres mayores y el 42% de las mujeres mayores que reciben prestaciones de la Seguridad Social dependen de ella para al menos el 50% de sus ingresos, y el 12% de los hombres y el 15% de las mujeres dependen de la Seguridad Social para el 90% o más de sus ingresos.

Teniendo en cuenta que la prestación mensual media de la Seguridad Social para los trabajadores jubilados y las personas a su cargo es de unos míseros $1,788, es fácil imaginar sus dificultades económicas.

Aumento de los costos de salud

La calculadora Retiree Health Care Cost Estimate de Fidelity sugiere que una pareja media de jubilados de 65 años en 2022 podría necesitar aproximadamente $315,000 $ (después de impuestos) para cubrir gastos médicos y de salud durante la jubilación.

No hay forma de que las personas que dependen principalmente de la Seguridad Social puedan permitirse estos costos.

Deuda de los consumidores

Según el Centro de Datos Microeconómicos del Banco de la Reserva Federal de Nueva York, la deuda de los hogares en el segundo trimestre de 2023 aumentó a 17.06 billones de dólares. Los saldos de las tarjetas de crédito aumentaron a 1.03 billones de dólares.

Otros componentes de la deuda doméstica son la deuda hipotecaria, la línea de crédito hipotecario, la deuda estudiantil y la deuda de automóviles.

No es de extrañar que tantos estadounidenses no tengan un fondo de emergencia. Les cuesta pagar sus deudas de consumo.

En una encuesta reciente, el 37% de las personas de 55 a 64 años declararon tener dificultades para hacer frente a sus obligaciones financieras. Casi el 30% de los mayores de 65 años tienen "dificultades para pagar sus gastos".

Los millennials están acumulando deudas de consumo a un ritmo alarmante. Los que tienen entre 30 y 38 años poseen casi 4 billones de dólares de deuda total de los hogares, un aumento significativo respecto a años anteriores.

Ahora es el momento de cambiar, sobre todo si eres joven.

Consejo para más riqueza

Examina detenidamente tu situación financiera y empieza a hacer los cambios necesarios.

Capítulo 11
Un sistema manipulado

Los representantes y grupos de presión del sector financiero están tan entrelazados con las agencias que se supone que lo regulan que los washingtonianos se refieren colectivamente a ellos como "The Blob".

Gautam Mukunda, "The Price of Wall Street's Power", *Harvard Business Review*

Como inversionista DIY, estás en un sistema amañado contra tus intereses. Tu primer paso hacia la autonomía financiera es comprender cómo el sector financiero y los medios financieros trabajan juntos para impedir que alcances tus objetivos.

Grandes intereses creados

La industria fiananciera es enorme en tamaño y beneficios. En 2022, había 620,882 agentes registrados en EE.UU., empleados por 3,378 firmas de inversiones.

En 2021, los agentes (brokers) generaron ingresos brutos por un total de 398,600 millones de dólares, con unos ingresos netos antes de impuestos de 91,800 millones de dólares, lo que se traduce en un margen de ganancias soprendente del 23.06%.

La industria financiera también despliega cientos de grupos de presión. Open

Secrets (un grupo de investigación que rastrea el dinero en la política estadounidense y su efecto en las elecciones y la política pública) afirmó que el sector gastó más de 139 millones de dólares en 2022 para influir en la toma de decisiones políticas.

Ese dinero se gasta principalmente en mantener tu dinero fluyendo hacia sus bolsillos.

Grupos de presión que perjudican a los inversionistas

He aquí cómo esos esfuerzos de presión perjudican a los inversionistas.

El sector de los servicios financieros es único. Se autorregula "a través de organizaciones autorreguladoras poco discutidas y estructuralmente arraigadas", de las cuales FINRA (la Autoridad Reguladora de la Industria Financiera) es la más destacada. FINRA se encarga de garantizar la integridad del sistema financiero estadounidense, trabajando bajo la supuesta supervisión de la Securities and Exchange Commission del gobierno federal.

Existe una preocupación legítima de que FINRA promueva los intereses de la industria de valores por encima de los de los inversionistas, "limitando la capacidad [de los inversionistas] de ahorrar para el futuro".

Benjamin P. Edwards, profesor asociado de Derecho en la Facultad de Derecho de la Universidad de Nevada, observó que "la estructura de FINRA plantea un riesgo continuo de que los miembros del sector subviertan sus procesos para actuar como un cártel, promoviendo los intereses del sector a expensas del público y contribuyendo a las rentas excesivas que cobran los intermediarios financieros."

Su análisis concluyó que los representantes "públicos" que forman parte del Consejo de Administración de la FINRA "...a menudo forman parte simultáneamente de los consejos de administración de intermediarios financieros corporativos, lo que da lugar a conflictos de intereses entre la lealtad a los participantes en el mercado y a los grupos de presión del sector y sus funciones como protectores del interés público."

La industria financiera ha presionado con éxito para que las obligaciones de los brokers con sus clientes sean menos estrictas.

Ningún juicio con jurado para ti

El impacto más pernicioso de la autorregulación es la imposición del arbitraje obligatorio. La mayoría de los inversionistas desconocen que, como condición para abrir una cuenta de inversión, deben renunciar a su derecho constitucional a un juicio con jurado y aceptar someter todos los litigios al sistema de arbitraje gestionado por la FINRA.

Los esfuerzos por abolir este requisito han sido infructuosos.

Como señaló William D. Cohan en un artículo publicado en *The New York Times*, "...el arbitraje forzoso no sólo supone un importante recorte de los derechos legales, sino que la versión de FINRA del arbitraje también viene con una cucharada adicional de lo que parece ser parcialidad".

El sesgo incluye una ventaja informativa que tienen las empresas de inversión como "jugadores habituales" para seleccionar árbitros más inclinados a fallar a su favor.

Otra cuestión preocupante sobre el arbitraje de la FINRA es la falta de diversidad de sus árbitros. Sus propias estadísticas indican que el 65% de sus árbitros son hombres, el 76% son blancos, sólo el 5% son LGBTQ y el 42% tienen 70 años o más.

Los árbitros de la FINRA no tienen que justificar sus decisiones. Aunque un recurso es técnicamente posible, anular los laudos arbitrales es todo un reto.

No es sorprendente que casi todos los grupos de consumidores apoyen la abolición del arbitraje obligatorio, y sin embargo persiste, gracias a la eficacia de los grupos de presión.

Un sistema fallido

Dados los ingentes recursos dedicados a "ayudar" a los inversionistas a alcanzar sus objetivos de jubilación, conviene preguntarse: ¿Cómo te funciona a ti este sistema?

¿No muy bien?

He aquí por qué:

Malos resultados de las inversiones: La "brecha de comportamiento" -la diferencia entre los rendimientos generados por las inversiones (como los fondos de inversión) y los rendimientos que obtienen los inversionistas- es una preocupación urgente.

Morningstar informó de que durante la década que finalizó el 31 de diciembre de 2021, los inversionistas ganaron alrededor de un 9.3% al año con el dólar promedio invertido en fondos de inversión y cotizados (ETF). Sin embargo, estos rendimientos fueron un 1.7% *inferiores* a los rendimientos reales obtenidos por estas inversiones durante ese periodo.

¿Qué causa esta diferencia?

Los inversionistas entran y salen de estos fondos, a menudo en momentos inoportunos. Según *Morningstar*, este comportamiento cuesta a los inversionistas " casi una sexta parte del rendimiento que habrían obtenido si se hubieran limitado a comprar y mantener".

Un cúmulo de desinformación: ¿Cuáles son las causas profundas del triste estado de preparación financiera de tantos estadounidenses?

Su fuente de información suelen ser los medios de comunicación financieros, como se expone en el Capítulo 9. Los corredores que cobran comisiones agravan el problema. Los agentes poco éticos pueden estar incentivados económicamente para realizar un trading excesivo con el fin de generar comisiones o para recomendar productos de inversión que generen la comisión más alta.

¿Por qué participar?

Te preguntarás: "¿Por qué debería invertir en un sistema amañado contra mí?".

He aquí por qué.

- **Rendimiento histórico:** A largo plazo, el mercado de valores ha superado históricamente a muchos otros vehículos de inversión. Según los datos del índice S&P 500 (uno de los principales índices utilizados para medir el rendimiento del mercado bursátil estadounidense), el rendimiento medio anual de 1928 a 2022 <u>fue del 9.81%</u> (suponiendo que reinvirtieras todos los dividendos).
- **Protección contra la inflación:** Es comprensible que a los estadounidenses <u>les preoc</u>upe la inflación. La subida de los precios con el tiempo reduce el poder adquisitivo de tu dinero. Al invertir en acciones, que históricamente ofrecen rendimientos superiores a la inflación, tu dinero tiene el potencial de crecer y seguir el ritmo de la subida de precios.

Aunque pagues un precio por esta protección (porque las acciones son volátiles y están sujetas a perder valor a corto plazo), cosecharás el beneficio de captar rendimientos bursátiles a largo plazo.

- **Crecimiento compuesto:** El poder del crecimiento compuesto significa que tus inversiones obtienen rendimientos, y luego esos rendimientos ganan rendimientos, dando lugar a un crecimiento significativo a lo largo del tiempo.
- **Diversificación:** El mercado de valores ofrece la oportunidad de repartir el riesgo entre sectores y empresas individuales. En lugar de poner todo tu dinero en una sola empresa o sector, puedes diversificar tu cartera y mitigar las pérdidas que podrías sufrir por invertir en una sola empresa o sector.
- **Liquidez:** Una de las ventajas significativas de las inversiones bursátiles es la liquidez. Las acciones y los fondos de inversión pueden comprarse o venderse en las bolsas de valores, lo que ofrece un fácil acceso a tu dinero cuando lo necesites, en comparación con

inversiones menos líquidas como las inmobiliarias y las de capital privado.

Incluso con estas ventajas, tienes que trabajar el sistema en tu beneficio.

Consejo para más riqueza

Date cuenta de que el sistema está en tu contra. Necesitas desesperadamente información precisa y objetiva. Ahora la tienes.

Parte Cuatro
Practica las finanzas estoicas

La mentalidad correcta.

Capítulo 12
Dejar ir

No podemos elegir nuestras circunstancias externas, pero siempre podemos elegir cómo respondemos a ellas.

Epicteto, filósofo griego del siglo I y principios del II d.C., y exponente de la ética estoica

Como inversionista, te bombardean con la próxima "gran cosa" de la inversión, desde criptomonedas hasta consejos sobre acciones calientes que prometen la luna. Pero lo que determina tu éxito inversionista se basa en una filosofía con más de dos milenios de antigüedad: El estoicismo.

¿Cómo puede una filosofía antigua marcar una diferencia tangible en las estrategias de inversión modernas para la generación digital?

¿Qué es el estoicismo?

En sus orígenes, el estoicismo era una guía para vivir una vida de virtud y sabiduría. Distingue entre lo que podemos controlar, nuestras acciones, pensamientos y sentimientos, y lo que no podemos: todo lo demás.

Un principio básico del estoicismo es aceptar tu destino comprendiendo los límites de tu control.

Los estoicos centran su energía en esforzarse por alcanzar la excelencia personal practicando cuatro virtudes cardinales: sabiduría, valor, justicia y templanza. Adoptan un marco para llevar una vida virtuosa cultivando la fuerza interior, la sabiduría y la resistencia emocional.

Adopta la mentalidad del inversionista estoico

Invertir consiste tanto en gestionar las emociones y las expectativas como en gestionar el dinero. Los principios estoicos de centrarse en lo que está bajo nuestro control y aceptar lo que no lo está son especialmente críticos en la inversión.

- *Acepta la volatilidad del mercado.* Los mercados bursátiles son intrínsecamente volátiles, impredecibles y están influidos por factores que escapan a tu control. Una vez que aceptes este hecho, podrás gestionar tu dinero con tranquilidad, sin dejarte influir por los giros diarios de la bolsa.
- *Ignora el ruido.* El bombardeo constante de predicciones bursátiles, cotilleos de mercado y previsiones económicas puede resultar abrumador. Una mentalidad estoica filtra este ruido y reconoce que gran parte está fuera de nuestro control y es irrelevante para nuestra estrategia de inversión a largo plazo.
- *Controla lo que puedas.* Aplicar el estoicismo a la inversión no consiste en desentenderse, sino en centrarse proactivamente. Es una estrategia que reduce el volumen del ruido externo para amplificar la intuición y la sabiduría financieras personales. La inversión estoica no es una resignación pasiva al destino, sino el cultivo activo de un núcleo inquebrantable del que emanan todas las decisiones de inversión.

Al dejar de lado los factores que no puedes controlar -como los movimientos del mercado y los tipos de interés- y centrarte en lo que sí puedes, consigues una actitud estoica, que fomenta una relación más sana con la inversión, definida por valores personales, disciplina y una disposición equilibrada.

He aquí algunos hechos que están bajo tu control:

- **Tu estrategia de inversión:** Tu planteamiento de inversión debe ser personal, adaptado a tus objetivos, tolerancia al riesgo y horizonte temporal.
- **Tus ahorros:** Las aportaciones regulares a la inversión suavizan los costes de inversión a lo largo del tiempo y aumentan tus ahorros.

- **Tus emociones:** El estoicismo no exige una ausencia total de emociones. Al contrario, fomenta la inteligencia emocional para "apartarse, respirar y examinar el paisaje emocional". Mantener la cabeza fría cuando el mercado es un caos permite tomar decisiones basadas en la razón, no en el miedo, la ansiedad o la codicia.
- **Tu educación financiera:** Tienes el poder de informarte sobre las inversiones, los mercados y la planificación financiera. Como inversionista informado, estarás mejor posicionado para tomar decisiones que se ajusten a tu filosofía de inversión.
- **Tu horizonte temporal:** Un inversionista estoico considera el tiempo como un compañero. El antiguo filósofo estoico romano Lucio Anneo Séneca tenía esta sabia opinión sobre el valor del tiempo: "La gente es frugal guardando sus bienes personales, pero en cuanto se trata de malgastar el tiempo, es más derrochadora de la única cosa en la que está bien ser tacaño".

Cuanto más largo sea tu horizonte de inversión, mejor podrás absorber las sacudidas de los movimientos del mercado a corto plazo y alinearte con la tendencia histórica alcista de los mercados.

Ejercicios estoicos para el inversionista consciente

He aquí algunos ejercicios que reforzarán una mentalidad estoica y mejorarán el resultado de tus inversiones:

- **Practica el desapasionamiento.** Analiza las oportunidades de inversión centrándote en los datos y los fundamentos, no en las exageraciones ni las emociones.
- **Céntrate en el presente.** Actúa basándote en las circunstancias actuales, no por arrepentimiento de pérdidas pasadas ni por miedo a futuras recaídas.
- **Prepárate para la adversidad.** Prepárate financiera y mentalmente para las caídas del mercado. Comprende que forman parte de la inversión.
- **Contempla tu legado.** Considera qué legado financiero quieres crear. Reflexiona sobre el impacto a largo plazo de tus inversiones.

- **Sé consciente.** La atención plena en la inversión conduce a una vida financiera más disciplinada, serena y, en última instancia, exitosa. El camino del inversionista estoico consiste en construir riqueza y fomentar una vida de virtud y propósito a través de la inversión.

Consejo para más riqueza

Integra los principios del Estoicismo en tus inversiones para construir la mentalidad adecuada para el éxito financiero.

Capítulo 13
El Poder
de la Perspectiva

Aunque puede resultar tentador vender tus inversiones para evitar una caída del valor de tus activos, tener perspectiva te animará a seguir invertido y a mantenerte disciplinado con tu estrategia de inversión.

EPG Wealth, "What is the Power of Perspective when Investing??"

He aquí la sabiduría del legendario inversionista Warren Buffett: "Si no estás dispuesto a poseer una acción durante diez años, ni siquiera pienses en poseerla durante 10 minutos".

Buffett tiene perspectiva.

En 2022, cuando el índice S&P 500 perdió el 18% de su valor, se puso en contacto conmigo un inversionista angustiado. Estaba disgustado porque el valor de su plan 401(k) había disminuido.

Le pregunté cuántos años tenía. Tenía 38 años. Le pregunté si tenía planes para disponer de su dinero antes de tiempo. No los tenía (no puede retirar dinero de su plan 401(k) sin penalización, con algunas excepciones, hasta los 59½ años).

¿Por qué le preocupaba el valor de su plan 401(k) 21 años antes de acceder a él? No tenía perspectiva.

Tener perspectiva te capacita para incorporar una mentalidad estoica a tus decisiones de inversión.

El dinero es emocional

La perspectiva requiere observar desapasionadamente los datos y tomar decisiones racionales basadas en la lógica. Sin embargo, el tema del dinero es intensamente emocional.

Más del 74% de los que respondieron a una <u>encuesta online</u> de los miembros de la Financial Planning Association (Asociación de Planificación Financiera) declararon que, durante una sesión de planeación, los cliente se alteran emocionalmente (empiezan a llorar, temblar, sollozar o incluso, se tornan violentos).

¿Por qué el tema del dinero está tan cargado de emociones?

- El miedo a no tener suficiente dinero para mantenernos a nosotros mismos o a nuestros seres queridos crea ansiedad, estrés y miedo.
- Los recursos económicos limitados o las deudas nos hacen sentir atrapados o dependientes de los demás, lo que provoca frustración, vulnerabilidad o resentimiento.
- El dinero se asocia a menudo con el estatus social y el éxito. Puede influir en nuestra autoestima y en cómo nos percibimos a nosotros mismos en comparación con los demás. Las dificultades económicas o la percepción de estar por detrás de los demás pueden provocar sentimientos de inferioridad, envidia o vergüenza.
- El dinero puede estar vinculado a experiencias emocionales, como herencias, ganancias inesperadas o pérdidas. Los acontecimientos positivos o adversos relacionados con el dinero pueden desencadenar alegría, excitación, pena o decepción. Nuestras experiencias y creencias pasadas en torno al dinero conforman nuestras reacciones emocionales ante las situaciones financieras.
- El dinero puede afectar a nuestras relaciones con la familia, los amigos o la pareja. Los desacuerdos sobre gastos, deudas o valores económicos diferentes pueden provocar conflictos y tensiones.

La dependencia económica o las disputas sobre el dinero pueden tensar las relaciones y evocar emociones fuertes como el resentimiento, los celos o la culpa.

- La creencia de que el dinero es difícil de conseguir puede crear una mentalidad de escasez. Esta mentalidad puede provocar miedo, ansiedad o un impulso constante por acumular más dinero. El miedo a la escasez puede intensificar las respuestas emocionales relacionadas con el dinero.

Comprender el cerebro y las emociones

Imagina que se inunda tu cerebro con todas estas emociones y luego se te pide que permanezcas tranquilo, relajado y objetivo. Es probable que las emociones prevalezcan sobre la actuación racional.

Si entiendes cómo procesa el cerebro los temas con carga emocional, estarás mejor preparado para gestionar el dinero en momentos de estrés.

Los estudios en neurociencia han descubierto que las emociones se originan en la amígdala, una región cerebral responsable del procesamiento emocional. En estados emocionales muy cargados, la amígdala puede abrumar al córtex prefrontal, el centro de toma de decisiones racionales del cerebro. Este proceso, conocido como "secuestro de la amígdala», puede conducir a un comportamiento irracional.

El cerebro abrumado emocionalmente tiene grandes dificultades para procesar y actuar con información racional. He aquí cómo superar el secuestro de la amígdala:

- **Reconoce las señales.** Aprende a identificar los primeros síntomas de un secuestro de la amígdala, como el aumento de la frecuencia cardiaca, la respiración acelerada o una oleada de emociones intensas. Ser consciente de estas señales puede ayudarte a intervenir antes de que el secuestro tome el control total.
- **Haz una pausa y respira.** Cuando notes los signos de un secuestro de la amígdala, haz una pausa y concéntrate en tu respiración.

Las respiraciones lentas y profundas activan la respuesta de relajación del cuerpo y ayudan a calmar la amígdala, permitiéndote recuperar el control sobre tus emociones.

- **Pon nombre a tus emociones.** Se atribuye al psiquiatra Dr. David Siegel la identificación de una técnica llamada "Nómbralo para domarlo". Descubrió que el simple hecho de "nombrar" las emociones alivia el estrés que éstas provocan. Cuando sientas una emoción, di lo que es -enfado, miedo, excitación- para calmar tu cerebro.
- **Involucra el pensamiento lógico.** El secuestro de la amígdala anula el pensamiento racional, por lo que es esencial que involucres conscientemente a tu mente analítica. Recuérdate a ti mismo los hechos y considera la situación de forma más objetiva. Esta actividad consciente puede ayudar a contrarrestar tu respuesta emocional y permitirte tomar mejores decisiones.
- **Tómate un descanso.** Aléjate temporalmente de la situación desencadenante. Apartarte y dedicarte a una actividad diferente puede ayudarte a crear distancia y permitir que tus emociones se calmen. Da un paseo, medita o dedícate a un pasatiempo tranquilizador para recuperar la calma.
- **Desarrolla la inteligencia emocional.** Reforzar tu inteligencia emocional puede ayudarte a controlar el secuestro de la amígdala. Mejora tu autoconocimiento, comprende tus desencadenantes y desarrolla estrategias para regular las emociones con eficacia. Técnicas como el mindfulness, llevar un diario (journal) y la terapia pueden ayudar en este proceso.
- **Practica la gestión del estrés.** El estrés crónico puede aumentar la probabilidad de secuestro de la amígdala. Cuidar de tu bienestar general puede ayudar a minimizar su impacto.

Superar el secuestro de la amígdala requiere práctica y paciencia. Es un proceso continuo de autoconocimiento y regulación emocional.

Toros y Osos

Ahora estás preparado para revisar los datos y procesarlos racionalmente.

El mercado de valores es volátil por naturaleza. Cuando la bolsa oscila al alza o a la baja, se desencadenan emociones intensas.

Un índice bursátil se considera un mercado bajista (oso) cuando el precio de cierre cae al menos un 20% desde su máximo más reciente. Un mercado alcista (toro) comienza cuando el precio de cierre ha subido un 20% desde su mínimo reciente.

En un mercado bajista, las acciones pierden un 35% en promedio, lo que es inquietante. En un mercado alcista, las acciones ganan un 114% en promedio. Esto es emocionante.

Ahora un poco de perspectiva:

- Desde 1928, ha habido 27 mercados bajistas y el mismo número de mercados alcistas en el índice S&P 500.
- Los mercados bajistas duran un promedio de 292 días (9.7 meses).
- Los mercados alcistas tienen una duración media de 992 días (2.7 años).

Espera

Cuando tu cartera de acciones baja significativamente, no es de extrañar que escuches a los expertos y "huyas a lo seguro". Pero, ¿qué pasaría si resistieras esta tentación y no hicieras nada?

Mira estos rendimientos del índice S&P 500 de 2000-2007:

2000	**-9.03**		2004	**10.74**
2001	**-11.85**		2005	**4.83**
2002	**-21.97**		2006	**15.61**
2003	**28.36**		2007	**5.48**

Durante los tres años de rendimientos negativos de 2000-2002, muchos inversionistas tuvieron sin duda la tentación de rendirse y reducir o incluso eliminar su exposición a las acciones.

Si no hicieron nada, fueron recompensados con cinco años consecutivos de rendimientos positivos y generaron un rendimiento global de 2003-2007 de más del 13%.

No hay garantía de que el futuro repita las recuperaciones pasadas, pero a largo plazo, el mercado bursátil ha aumentado su valor.

A corto plazo, es un viaje lleno de baches.

Ser paciente es el secreto del éxito inversionista a largo plazo.

Consejo para más riqueza

La perspectiva histórica te ayuda a poner en práctica una mentalidad estoica con tus inversiones.

Capítulo 14
No mires

Mirar tu cartera con frecuencia puede hacerte sentir que tiene peor rendimiento del que realmente tiene, y es menos probable que inviertas correctamente para tener éxito a largo plazo.

Dan Egan, "Nearly Half of Investors Check Their Performance at Least Once a Day - Here's Why That's a Problem", *CNBC*

Soy un inversionista a largo plazo. No me importa la volatilidad del mercado a corto plazo. Sé lo disgustado que me sentiría si comprobara el valor de mi portafolio durante un mercado bajista y viera el importe de mis pérdidas no realizadas. Tengo dos reglas sobre cuándo revisar mi portafolio:

1. Lo hago con la menor frecuencia posible, no más de una o dos veces al año.
2. Cuando tengo la tentación, sólo lo compruebo cuando el mercado está al alza.

Hay razones sólidas y basadas en pruebas por las que deberías seguir mi ejemplo.

Un giro estoico

El filósofo estoico Marco Aurelio, citando al filósofo griego Demócrito, dijo: "Haz poco si quieres la satisfacción de tu mente".

Aurelio añadió un giro estoico según el cual sólo debemos hacer lo necesario para alcanzar nuestros objetivos. Consideraba que "la mayoría de nuestras palabras y acciones" eran "cualquier cosa menos necesarias" y nos instaba a prescindir de ellas.

Sus consejos atemporales son especialmente aplicables a la inversión.

¿Por qué queremos mirar?

Como inversionistas a largo plazo, entendemos que la volatilidad del mercado a corto plazo no es más que ruido normal que debe ignorarse. Reaccionar obsesivamente a las noticias sólo crea estrés y ansiedad.

Entonces, ¿por qué lo hacemos?

Una combinación de sesgos cognitivos y la neurociencia de la recompensa puede explicar nuestro comportamiento. Comprender estas motivaciones puede ayudar a superar los malos hábitos.

El efecto de posesión: Este sesgo se refiere a cómo, cuando poseemos inversiones, las valoramos más que si las poseyeran otras personas.

Si te dijera que yo invierto en VT, y tú no, es poco probable que revisaras el valor de VT. Pero si la posees, le das un gran valor. Sientes la necesidad de revisar cuánto vale.

Aversión a las pérdidas: Es doloroso experimentar pérdidas, incluso sobre el papel. Nos sentimos obligados a revisar cuánto ha bajado nuestro portafolio.

Sesgo *de información:* Es la tendencia a buscar y evaluar información aunque sea irrelevante. Creemos que más información es valiosa, aunque menos sería mucho más útil para mantenernos en el buen camino.

Ignoramos el hecho de que invertir de forma inteligente y responsable requiere un esfuerzo mínimo. Actuar según la información generada por los medios de comunicación financieros (como las subidas y bajadas diarias, los informes de los analistas y las "noticias de última hora") perjudica el rendimiento de tus inversiones.

Química cerebral: Cuando nuestro portafolio aumenta de valor, nuestro cerebro libera dopamina. Cada vez que revisamos nuestras inversiones y vemos que han aumentado de valor, esa "recompensa" refuerza este comportamiento.

Hay otra cara de la moneda. Cuando nuestro porfafolio disminuye de valor, el hipotálamo del cerebro libera una hormona que inicia un proceso que da lugar a la liberación de cortisol, una hormona esteroidea, en nuestro torrente sanguíneo. Demasiado cortisol puede tener consecuencias adversas para la salud.

No mires. Es mucho más fácil mantener la calma cuando no estás revisando obsesivamente tu portafolio. Es sencillo reducir el estrés, disminuir la ansiedad y cosechar los beneficios del mercado de valores, que tiene un largo historial de aumento de valor a largo plazo.

He aquí un beneficio adicional. Según Marco Aurelio, prescindir de la actividad innecesaria te proporcionará "mayor tranquilidad y una mente menos turbada".

Consejo para más riqueza

No prestar atención a tu portafolio es una virtud que te generará dividendos financieros y emocionales.

Capítulo 15
Inactividad Magistral

La inactividad nos parece un comportamiento inteligente.

Warren Buffett, "Cartas de Berkshire Hathaway a los accionistas, 1965-2018 de Warren Buffet", Max Leonard Almeda, *Medium*

El hecho de que creas que es necesario revisar tu portafolio no significa que debas hacer cambios, sobre todo cuando es probable que esas decisiones estén influidas por emociones como el miedo.

Como se indica en el Capítulo 12, los estoicos creen que un componente crítico de la gestión del miedo es reconocer los factores que escapan a nuestro control. Los estoicos no dedican tiempo a centrarse en esos factores. En su lugar, se centran en lo que está bajo su control, como "pensamientos, creencias y acciones".

No puedes controlar un descenso del valor de tus inversiones, pero puedes controlar cómo lo afrontas.

Tu estrategia debe ser mantener el rumbo y resistir la tentación de entrar y salir del mercado de valores. Como dijo el fundador de Vanguard, John Bogle: "No hagas algo, quédate ahí".

Si invirtieras en el fondo índice S&P 500 y te perdieras los 10 mejores días del mercado entre 1993 y 2011, tus beneficios habrían disminuido un 54% respecto a si hubieras invertido durante todo ese periodo.

Comprenderás por qué intentar cronometrar el mercado rebotando dentro y fuera es una tontería.

¿Buen año? ¿Mal año?

2022 fue un mal año tanto para el mercado de acciones como para el de bonos, una tormenta perfecta para los inversionistas que confiaban en la parte de bonos de su cartera para mitigar las pérdidas cuando las acciones se hundían.

VT, el ETF de acciones de todo el mundo recomendado en el Capítulo 1, perdió el 18.45% de su valor.

SHY, el ETF de bonos, perdió un 3.88% de su valor.

Supón que tu portafolio tenía una asignación de activos del 60% en VT y 40% en SHY. Tu portafolio perdió el 12.62% de su valor. Es un gran golpe. Si tu cartera valía $100,000 a principios de 2022, acabó el año con una pérdida de $12,622.

Mal año, ¿verdad?

No necesariamente. Depende de tu medida del éxito.

Pérdidas realizadas frente a no realizadas

Hay una diferencia crítica entre una pérdida realizada y una no realizada.

Una pérdida realizada se produce cuando generas una pérdida vendiendo una inversión por menos de lo que pagaste por ella. Una pérdida no realizada es sólo sobre el papel, porque sigues manteniendo la inversión, es decir, no la vendiste.

Si no vendiste los ETF que tenías en 2022, sólo tendrías pérdidas no realizadas. Si vendiste, las convertiste en pérdidas reales.

El reto de no hacer nada

Cuando no respondes a la volatilidad del mercado tomando acción, no conviertes las pérdidas no realizadas en realizadas. Confías en que el mercado recuperará tus pérdidas con el tiempo.

No sabemos lo que ocurrirá, pero la historia nos dice que el mercado sube a largo plazo (véase el debate sobre la perspectiva en el Capítulo 13).

Lo que hagas -o mejor, lo que no hagas- a corto plazo importa.

Si a nuestro hipotético inversionista le preguntaran a finales de 2022 si ha sido un año bueno o malo, la respuesta debería ser:

Fue un buen año. Aunque el mercado de acciones y bonos estuvo a la baja, no convertí las pérdidas no realizadas en realizadas. Me dediqué a una inactividad magistral. Seguí invirtiendo y aproveché los precios más bajos. Cuando los mercados se recuperen, estaré bien posicionado para recuperar mis pérdidas e iniciar el camino hacia unos beneficios positivos a largo plazo.

Supón que quieres emular la experiencia de este inversionista. Verás cómo baja tu portafolio. Los medios de comunicación financieros y la industria financiera te inundarán de información errónea. Quieren que "actúes".

He aquí algunos sentimientos subconscientes que puedes experimentar y que te empujan a actuar en contra de tus intereses.

- **Sesgo de recencia:** Reaccionamos exageradamente ante experiencias recientes. Cuando el mercado se hunde, no es fácil prever una recuperación. En su lugar, catastrofizamos y creemos que es más probable que se produzcan nuevos descensos, aunque pueda ser cierto lo contrario.
- **Comportamiento de rebaño:** Nos inclinamos a seguir a los demás e imitar su comportamiento en lugar de actuar de forma objetiva y racional. Si creemos que otros están vendiendo en un mercado a la baja, podemos vernos influidos a seguir su ejemplo.
- **Aumento del cortisol:** Cuando vemos que el valor de nuestro portafolio disminuye, nos sentimos comprensiblemente estresados, como indica el aumento de los niveles de cortisol en el organismo.

Un estudio de Traders londinenses descubrió que el aumento de los niveles de estrés les hacía ser más cautelosos en lugar de más objetivos.

- **Sesgo de confirmación:** Favorecemos la información que confirma creencias preexistentes. El sesgo de confirmación puede hacer que sobrevaloremos la información negativa sobre nuevos descensos del mercado en lugar de considerar objetivamente los datos sobre la historia a largo plazo del mercado. Este sesgo puede hacer que "hagamos algo" cuando lo prudente sería "no hacer nada".

Si te interesa profundizar en este tema, te recomiendo encarecidamente *Pensar, rápido y despacio*, de Daniel Kahneman. Trata en profundidad los sesgos cognitivos y explora las dos formas contradictorias en que pensamos sobre las cuestiones: intuitiva y deliberada.

Consejo para más riqueza

Dedícate a la inactividad magistral y abraza la perspectiva de convertir las pérdidas de mercado no realizadas en ganancias futuras.

Capítulo 16
No te dejes intimidar

Cuando oigas algunas estrategias "avanzadas", como el reba-lanceo, la cosecha de pérdidas fiscales o, en este caso, la colo-cación de activos fiscalmente eficiente, debes evaluar hasta qué punto la estrategia se aplica realmente a ti y cuánta diferencia supone en realidad.

Harry Sit, "When Tax Efficient Asset Placement Doesn't Make Much Difference", *The Finance Buff*

Los estoicos "rehúyen la complejidad y adoran la simplicidad".

La mentalidad estoica adoptará la sencilla estrategia de inversión expuesta en el Capítulo 1 y rechazará la información errónea que transmite la impresión de que invertir es complejo.

He aquí las principales estrategias que sustentan una visión más complica-da de la inversión:

1. Rebalanceo
2. Cosecha de pérdidas fiscales
3. Localización de activos

Ninguna de estas cuestiones tendrá probablemente un impacto significativo en tus rendimientos. En cualquier caso, puedes hacerlas fácilmente tú mismo.

Visión general del rebalanceo

Rebalancear se refiere a ajustar los activos de tu portafolio para mantener el nivel deseado de riesgo y rendimiento.

Supongamos que tienes un portafolio con una asignación del 60% de acciones y el 40% de bonos. Debido a las ganancias del mercado, el valor de las acciones de la cartera aumenta significativamente con el tiempo, haciendo que el valor de la parte de acciones de tu cartera aumente hasta el 80% del valor total.

¿Es necesario?

Si no reequilibras, experimentarás una mayor volatilidad y pérdidas no realizadas más importantes cuando el mercado baje.

Si esas pérdidas te hicieran entrar en pánico y vender, tendrás que rebalancear.

He aquí por qué puede que no quieras rebalancear. Cuando rebalanceas, estás vendiendo activos que aumentaron de valor y comprando activos que perdieron valor. Si no rebalanceas, es probable que tus rendimientos aumenten, ya que históricamente las acciones han superado a los bonos durante largos periodos.

El rebalanceo puede generar comisiones por transacción y obligaciones fiscales (a menos que los fondos estén en cuentas de jubilación).

Por estas razones, la opinión de Jack Bogle sobre el rebalanceo era: "Estoy en la pequeña minoría sobre la idea del rebalanceo. No creo que sea necesario hacerlo".

Hazlo tú mismo

No es necesario resolver el debate sobre el mérito del rebalanceo. Si crees que es esencial, es fácil hacerlo tú mismo.

Para reequilibrar tu cartera, vende algunos de los activos de mayor valor y utiliza los ese dinero para comprar el activo que haya bajado de valor, devolviendo la cartera a su asignación original.

Una forma más fácil de rebalancear sería invertir las nuevas aportaciones en el activo que haya bajado de valor hasta que se restablezca la asignación correcta de activos.

Considera la posibilidad de establecer parámetros sobre cuándo vas a reequilibrar. Por ejemplo, si tu asignación objetivo es 60% acciones y 40% bonos, reequilibra sólo cuando haya una desviación del 10%. En este ejemplo, reequilibrarías cuando tu asignación de acciones cayera al 50% o menos o aumentara al 70% o más, momento en el que reequilibrarías tu cartera a tu asignación objetivo del 60% de acciones y el 40% de bonos.

Cosecha de pérdidas fiscales

La cosecha de pérdidas fiscales es una estrategia habitual en la inversión para minimizar los impuestos. Consiste en vender valores que han sufrido pérdidas y esas pérdidas para compensar las ganancias obtenidas en otras inversiones. Esto puede reducir tu carga fiscal total y aumentar tus beneficios después de impuestos.

Para muchos inversionistas DIY, la compensación de pérdidas fiscales es innecesaria, principalmente porque la mayoría de sus inversiones están en cuentas de jubilación u otras cuentas con ventajas fiscales. No tienen obligaciones fiscales hasta que retiran esos fondos.

Si estás casado y declaras conjuntamente, pagas cero impuestos sobre las plusvalías si tu ingreso imponible total en 2023 es igual o inferior a $89,250 $. Si eres soltero, la base tasable es de $44,625. Si te encuadras en estas categorías, no es necesario que te dediques a la compensación de pérdidas fiscales.

Aunque te encuentres en un tramo de ingresos más alto, la cantidad de tu impuesto sobre las ganancias puede no justificar la compensación de pérdidas fiscales. Por ejemplo, si estás casado y declaras conjuntamente, puedes tener una ingreso tasable de entre \$89,251 y \$553,850 y pagar sólo un impuesto sobre ganancias a largo plazo del 15%. La compensación de pérdidas fiscales tiene más sentido para quienes se encuentran en los tramos de ingreso más altos.

Para esos inversionistas, la cosecha de pérdidas fiscales tiene la ventaja de reducir su deuda tributaria.

He aquí otra ventaja: si tus pérdidas son mayores que tus ganancias, puedes reducir hasta un <u>máximo de \$3,000</u> de tu ingresos tasables y trasladar cualquier cantidad superior a \$3000 a futuros ejercicios fiscales, lo que reduce tu ingreso que genera impuestos.

Aspectos negativos de la cosecha de pérdidas fiscales

La compensación de pérdidas fiscales tiene algunas desventajas.

Puede afectar al nivel de riesgo de tu cartera si altera tu asignación de activos o tener consecuencias fiscales imprevistas. Por ejemplo, si la acción de sustitución que adquieres aumenta significativamente de valor, puedes incurrir en una <u>ganancia inesperada a corto plazo</u> mayor que la pérdida que cosechaste.

Hazlo tú mismo

Aunque la compensación de pérdidas fiscales es más complicada que el rebalanceo, no está fuera de la competencia de la mayoría de los inversionistas aficionados a hacerlo ellos mismos.

Los pasos son los siguientes:

1. Vende la inversión perdedora.
2. Compra una inversión similar, evitando cuidadosamente incurrir en la <u>regla de la "venta de lavado"</u>. La forma más fácil de hacerlo es comprar un ETF que se dirija a valores similares.

Se produce una <u>"venta de lavado"</u> cuando vendes un valor con pérdidas para obtener beneficios fiscales y compras inmediatamente el mismo valor o uno similar en los 30 días anteriores o posteriores a la venta.

Si necesitas ayuda, tu contador público o un Certified Financial Planner que cobre por horas puede ser un recurso valioso. Sólo te llevará una hora más o menos de tiempo facturable.

Localización de activos

La localización de activos es una estrategia para optimizar los rendimientos después de impuestos, decidiendo qué inversiones mantener en qué tipos de cuentas, como las cuentas sujetas a impuestos, las cuentas de jubilación con impuestos diferidos (como las 401(k)s y las IRA tradicionales) y las cuentas de jubilación libres de impuestos (como las IRA Roth).

¿Es necesario?

Para la mayoría de los millennials, la localización de los activos no es una preocupación.

Por lo general, las estrategias de localización de activos sólo son necesarias si mantienes una parte importante de tus inversiones en cuentas sujetas a impuestos, tienes diversas clases de activos y prevés generar importantes plusvalías con tu cartera.

Si la mayor parte de tus ahorros están en cuentas de jubilación con protección fiscal o tu cartera es modesta, no tienes que preocuparte por la localización de los activos.

El hecho de que las leyes fiscales actuales favorezcan determinadas localizaciones de activos no significa que esas leyes no puedan cambiar en el futuro.

Para realizar correctamente la localización de activos, es importante tener en cuenta el rendimiento esperado de una inversión y su eficiencia fiscal, lo que complica considerablemente el proceso.

Directrices para la localización de activos

Si perteneces a la minoría de inversionistas millennials que deben preocuparse por la localización de los activos, aquí tienes algunas directrices generales:

- **Cuentas tasables (cuentas de inversión):** Estas cuentas deben utilizarse generalmente para activos fiscalmente eficientes. Algunos ejemplos son los fondos indexados o ETF (que suelen tener menor rotación y, por tanto, generan menos distribuciones de ganancias), los fondos gestionados fiscalmente y las acciones individuales que piensas mantener durante mucho tiempo (donde se aplican los impuestos a las ganancias de lartgo plazo). Los bonos municipales, que generan intereses libres de impuestos, también podrían mantenerse en estas cuentas si te encuentras en una tasa fiscal elevada.
- **Cuentas con impuestos diferidos (401[k], IRA tradicional):** Suelen ser las mejores para inversiones que generan muchos ingresos sujetos a impuestos, como bonos (que no sean bonos municipales), fondos de inversión inmobiliaria y fondos administrados activamente que pueden generar importantes ganancias a corto plazo.
- **Cuentas Roth:** Los fondos indexados y los ETF que mantienen acciones pueden ser adecuados para mantenerlos en una cuenta Roth, porque las ganancias y los dividendos generados con estas cuentas están libres de impuestos cuando realizas retiros cualificados en la jubilación. Si tienes acciones que pagan dividendos (como los fondos de inversión inmobiliaria) o fondos gestionados activamente con altos niveles de rotación, tu cuenta Roth es un buen lugar para estas inversiones.

Consejo para más riqueza

Muchos inversionistas DIY no necesitan preocuparse por el rebalanceo, la cosecha de pérdidas fiscales o la localización de activos. Si estas estrategias son necesarias, puedes aplicarlas tú mismo con un esfuerzo modesto.

Capítulo 17

Ignora a los expertos desnudos

Encontramos que ninguna de las previsiones de la encuesta supera a una simple previsión aleatoria, que predice los rendimientos futuros simplemente por su media muestral pasada.

Songrun He, Jiaen Li y Guofu Zhou, *How Accurate are Survey Forecasts on the Market?*

La mentalidad estoica abraza el presente; los estoicos reconocían la imprevisibilidad del futuro. Séneca, un antiguo filósofo estoico romano, dijo: "Todo el futuro reside en la incertidumbre. Vive ahora, en el presente inmediato".

Como inversionista DIY, adopta esta filosofía e ignora las habladurías de quienes se dedican a predecir el futuro.

"Expertos" que no lo son

Pones tu canal favorito de medios financieros. Un "experto" de aspecto distinguido e impresionantes credenciales explica por qué su empresa cree que las acciones de una determinada empresa están preparadas para un crecimiento significativo.

Sus razonamientos parecen lógicos y convincentes y sus opiniones creíbles.

He aquí el problema. Son emperadores sin ropa.

Pueden tener razón o no sobre las acciones. Las noticias de mañana determinarán el precio futuro, pero un experto no sabe cuál será. Confiar en sus reflexiones no te ofrece más posibilidades de elegir una acción "ganadora" que lanzar una moneda al aire.

Tu cerebro te engaña haciéndote creer que los expertos tienen poderes de predicción.

El mito de los pronósticos

Antes de profundizar en por qué tu cerebro está predispuesto a aceptar las opiniones de los expertos sin ropa, examinemos el mito de los pronósticos.

A los expertos les encanta hacer predicciones sobre la dirección del mercado, el precio futuro de las acciones de una empresa, hacia dónde se dirigen los tipos de interés y otros acontecimientos que podrían afectar a los inversionistas.

Su capacidad para predecir el futuro no es mayor que el azar.

Un reciente estudio académico realizado por tres profesores de la Escuela de Negocios John M. Olin de la Universidad de Washington en St. Louis analizó tres previsiones de encuestas ampliamente utilizadas para determinar lo bien que predecían el mercado de valores. En estas encuestas participaron economistas de la industria y de instituciones académicas, profesionales financieros estadounidenses y hogares estadounidenses representativos.

Los pronosticadores profesionales (que incluían economistas altamente cualificados) tenían peores resultados que el hogar promedio (¡tú!).

En 2008, las acciones cayeron un 38.5%. Sin embargo, la el pronóstico promedio de los "expertos" de Wall Street pronosticaba una subida del 11.1%. La previsión de consenso de Wall Street se equivocó ridículamente en 49.6 puntos porcentuales.

El efecto halo

La previsión precisa y fiable es un mito. ¿Por qué creemos en expertos sin ropa que pretenden tener una experiencia que no existe?

Cuando alguien parece seguro de sí mismo, bien vestido y con autoridad, crea una impresión positiva que se traslada a su experiencia percibida. Creemos que las personas con estos rasgos tienen habilidades que no pueden demostrar (como la capacidad de predecir acontecimientos futuros).

Este sesgo se denomina Efecto Halo.

Está bien documentado que asignamos rasgos positivos (como generosidad, inteligencia y fiabilidad) a las personas atractivas, aunque no exista ninguna relación lógica entre su aspecto y esos rasgos.

Cuando nos encontramos con personas que coinciden con nuestra imagen mental de expertos, esto impacta en nuestro cerebro y desencadena las siguientes reacciones:

- **Evaluación crítica reducida:** Podemos estar más inclinados a confiar y aceptar sus opiniones y conocimientos sin evaluar críticamente sus argumentos ni considerar puntos de vista alternativos.
- **Mayor credibilidad:** Sus opiniones y declaraciones pueden tener más peso y credibilidad.
- **Mayor confianza:** Podemos experimentar una mayor confianza y tener más seguridad en sus conocimientos y capacidades, lo que influye en nuestra toma de decisiones y en nuestra disposición a seguir sus consejos.
- **Satisfacción emocional:** El encuentro con personas que coinciden con nuestra imagen mental de expertos puede proporcionarnos satisfacción emocional y tranquilidad, contribuyendo a la confianza y al bienestar.

Estas impresiones se basan en nuestra percepción, que puede ser superficial y engañosa.

Heurística de la disponibilidad

Tendemos a sobreponderar la información actual, lo que puede hacer que ignoremos otros hechos pertinentes. Esta tendencia se denomina "heurística de la disponibilidad".

Cuando un "experto" con aspecto de autoridad nos insta a cambiar nuestro portafolio de inversiones, podemos inclinarnos a tomar una decisión emocional en lugar de considerar con calma toda la información relevante.

Para tener éxito como inversionista DIY, tienes que superar este prejuicio y mantener el rumbo.

Consejo para más riqueza

Comprende los prejuicios que pueden hacer que confíes en las reflexiones de expertos sin ropa.

Capítulo 18
No busques patrones

Nuestro cerebro está programado para ver patrones en el mundo. Por eso acudimos a los números de la suerte, a las coincidencias felices y a todo tipo de "hechos" tranquilizadores que no pueden probarse ni reproducirse.

Mitch Tuchman, "¿Vida en Marte? Trucos monetarios de nuestro cerebro", *Forbes*

De todos los trucos mentales que impiden que tengas éxito como inversionista DIY, el más dañino es la búsqueda de patrones.

Los estoicos eran muy conscientes de esta cuestión. Rechazaban los esfuerzos por encontrar "patrones falsos e intentos insensatos de aplicar un único modelo a cada problema al que te enfrentas".

Tienes que adoptar esta mentalidad con tus inversiones.

A pesar de la abrumadora evidencia de que los precios de las acciones son impredecibles, los inversionistas utilizan sistemáticamente la detección de patrones y el análisis de tendencias para predecir futuros movimientos del mercado.

Nuestra necesidad de detectar patrones puede ser evolutiva. Los primeros humanos se basaban en patrones como el comportamiento de los animales, el movimiento de las estrellas y el cambio de las estaciones para sobrevivir. Reconocer patrones también les ayudó a comunicarse, cazar, desarrollar herramientas, desarrollarse cognitivamente y avanzar culturalmente.

Según un estudio, sus capacidades de procesamiento de patrones se hicieron cada vez más sofisticadas a medida que los humanos evolucionaban. Encontrar patrones puede ser una de las principales razones por las que los humanos son la especie dominante.

Teniendo en cuenta estos antecedentes, no es sorprendente que nuestro cerebro esté predispuesto a encontrar patrones, reales o imaginarios.

Nuestro cerebro busca patrones

Parece que el cerebro ansía patrones.

Un estudio utilizó resonancia magnética funcional en una serie de experimentos. Descubrió que cuando se mostraban a los participantes símbolos abstractos y patrones sin similitud aparente, se estimulaban grupos superpuestos de neuronas en sus cerebros, lo que sugería un esfuerzo subconsciente por agruparlos.

Estamos bien equipados para encontrar patrones incluso cuando no existen. Tenemos una capa en el cerebro llamada neocórtex, que sólo se encuentra en los mamíferos. Representa el 80% del peso del cerebro humano. El neocórtex incluye unos 300 millones de neuronas que utilizamos para identificar patrones.

Nuestro cerebro utiliza esta potencia de fuego para ayudarnos a aprender, predecir y determinar probabilidades. Cuando se utiliza mal para encontrar patrones inexistentes, puede ser perjudicial. En casos extremos, puede ser un síntoma de enfermedad mental.

En el contexto de la inversión, puede ser devastador.

¿Tienes Apofenia?

La apofenia es "la percepción de patrones significativos en cualquier información no relacionada". En situaciones extremas, la apofenia hace que las personas con esquizofrenia y autismo perciban patrones excesivos, lo que dificulta su funcionamiento.

En la inversión, la apofenia adopta diversas formas, todas ellas perjudiciales.

- Puedes ver tendencias donde no las hay, como suponer que una acción que se mueve en una dirección determinada continuará en esa dirección, aunque esos movimientos sean aleatorios.
- Puedes percibir correlación donde no la hay, como asociar un acontecimiento noticioso al movimiento de la cotización de una acción.
- Puedes extrapolar acontecimientos futuros basándote en datos históricos y encontrar un patrón que no existe.
- Puede que creas que las conspiraciones infundadas están afectando al mercado de valores.
- Puedes creer que a una inversión determinada "le corresponde" un descenso para compensar sus ganancias anteriores.

Al igual que en los juegos de azar, los acontecimientos pasados en los mercados financieros no afectan a la probabilidad de acontecimientos futuros.

Combatir la apofenia

Puedes empezar a combatir la apofenia poniéndole nombre.

Si dices: "Estoy practicando la apofenia", disminuirá la actividad de los centros emocionales de tu cerebro, lo que permitirá que se active el lóbulo frontal (la parte del cerebro que procesa la información racionalmente).

Céntrate en pruebas y datos objetivos en lugar de basarte en intuiciones o presentimientos. Considera explicaciones y perspectivas alternativas en lugar de asumir un patrón.

La estrategia de inversión recomendada en el Capítulo 1 elimina la necesidad de encontrar patrones, ya que compras todo el mercado y mantienes tus inversiones a largo plazo.

Consejo para más riqueza

Como inversionista DIY, deja de buscar patrones y céntrate en seguir principios de inversión sólidos.

Parte Cinco
Planificación financiera DIY

Los pros, los contras
y el valor de los
emprendedores.

Capítulo 19
Amor verdadero

Los bombones se comen y las flores se marchitan, pero la responsabilidad económica puede ser una forma duradera de demostrar a alguien que te importa.

Fidelity, "4 Financial Ways to Say 'I love you'.

Nunca olvidaré cuando conocí a una viuda cuyo marido murió repentinamente a principios de los sesenta. Ella era ama de casa y él se ocupaba de sus finanzas. No había planificado su patrimonio ni tenía testamento.

Le tomó meses determinar cuánto dinero había en la herencia. Quería saber si podía permitirse permanecer en su casa, que compraron cuando se casaron por primera vez.

Le dije que tendría que vender su casa y que debería plantearse un empleo a tiempo parcial para complementar sus ingresos.

Me miró con lágrimas en los ojos y dijo: "Siempre me decía lo mucho que me quería. Me pregunto si lo hacía".

No está sola.

Los estudios demuestran sistemáticamente que, en los matrimonios entre un hombre y una mujer, las viudas experimentan altos índices de pobreza debido a la pérdida de ingresos cuando fallece su cónyuge.

Ahora tienes las herramientas para gestionar tus inversiones. Los capítulos siguientes te mostrarán cómo realizar tú mismo la planificación financiera para la jubilación. Tienes el deber moral de seguir adelante.

Ventajas de la planificación financiera DIY

- **Protege su mañana:** De forma natural, tratamos de proteger a nuestros seres queridos cogiendo de la mano a un niño cuando cruza la calle u ofreciendo consejo a un amigo. La planificación financiera actúa como esa mano protectora, pero a mayor escala. Garantiza que tus seres queridos tengan una red de seguridad, proporcionándoles un amortiguador frente a retos y obstáculos inesperados cuando más lo necesitan.

- **Construir juntos:** Ya sea enviar a tus hijos a la universidad, comprar la casa de tus sueños o planificar la jubilación, la planificación financiera permite que tus sueños florezcan. Apartar dinero o invertir sabiamente significa que trabajan activamente para hacer realidad sus visiones compartidas.

- **Comodidad y cuidados:** La buena salud, la educación de calidad y una vida cómoda son las piedras angulares de una vida feliz. Con planificación, puedes hacer realidad estos valores para ti y tus seres queridos ahora, e incluso después de que te hayas ido.

- **Deja un legado:** La planificación financiera incluye la planificación patrimonial: garantizar que los bienes se transmitan de acuerdo con tus deseos. Dejar un legado demuestra un compromiso con el bienestar de tu familia, aunque no seas testigo de ello. Es desinteresado y responsable.

- **Da ejemplo:** Cuando das prioridad a la planificación financiera, impartes una lección a tus seres queridos sobre la importancia de la previsión, la responsabilidad y la sabiduría monetaria. Si tuviste el beneficio de ese ejemplo, puedes transmitirlo. Si no lo tuviste, puedes iniciar una tendencia que repercuta en tu familia durante generaciones.

- **Aliviar cargas futuras:** Las deudas, las urgencias médicas o los gastos imprevistos pueden tensar las relaciones. Al participar en una planificación financiera proactiva, reduces las posibles cargas futuras de tus seres queridos. Es una forma tácita de decir: "Yo me encargo de esto. Te tengo a ti".

- **Tranquilidad:** Saber que tus finanzas están en orden y que existe un plan ahora y para el futuro aporta tranquilidad no sólo a ti, sino a toda tu familia. Es el regalo de noches de descanso y mañanas que se reciben con esperanza y no con preocupación.

El amor, en su forma más pura, consiste en la felicidad, la seguridad y el bienestar de nuestros seres queridos. Se trata de soñar juntos, proteger ardientemente y garantizar que el tapiz de nuestros futuros compartidos esté tejido con hilos de seguridad, comodidad y cuidado.

Consejo para más riqueza

Planificar su futuro juntos es la expresión más profunda y auténtica de su amor.

Capítulo 20
El Escándalo
y la Realidad

Ahora determinarás tu objetivo financiero basándote en algunas previsiones y predicciones. Estas previsiones y pronósticos podrían no cumplirse en el futuro. Están sujetas a diversas condiciones que puedes tener en cuenta o no. Por tanto, tu plan financiero podría irse a la basura si las predicciones no se ajustan a la realidad.

TATA AIA, "What are the Advantages and Disadvantages of Financial Planning?"

La planificación financiera integral es un proceso que te ayuda a establecer, planificar y gestionar tus objetivos financieros a largo plazo. La planificación financiera es innegablemente crucial, pero se parece más a un arte que a una ciencia.

La planificación financiera integral no es matemática. Hay demasiados factores desconocidos como para que la planificación financiera sea precisa:

- Tu esperanza de vida y la de tu cónyuge o pareja
- La tasa de inflación durante el periodo de planificación
- El rendimiento de tus inversiones
- Cuáles serán las leyes y tasas fiscales en el futuro
- Costos de salud en el futuro
- Seguridad Social y otras prestaciones públicas
- Gastos de manutención durante la jubilación

- Elecciones de estilo de vida y tu salud en la jubilación
- Cambios profesionales
- Tipos de interés futuros
- Valores inmobiliarios
- La necesidad de apoyar a los miembros de la familia
- Factores económicos y geopolíticos
- Cambios en las leyes que afectan a los impuestos y a las cuentas de jubilación
- Catástrofes inesperadas

El gran número de supuestos hace que la planificación de la jubilación sea más una conjetura informada que una ciencia exacta.

Hay una serie de resultados para cualquier plan financiero. Las tres variables más sensibles son los ingresos, los gastos y la edad de jubilación deseada.

Los factores más fáciles de controlar son cuánto tiempo vas a trabajar y cuán frugalmente vas a vivir.

Traza tu MAPA DEL DINERO

Hay una forma sencilla y directa de participar en la planificación financiera DIY que yo llamo elaborar tu "MAPA DEL DINERO". Su objetivo es que tu plan sea sencillo, realista y centrado en el éxito a largo plazo.

"M" es de Mide tu flujo de efctivo. Tu flujo de efectivo necesita una atención regular. Es crucial controlar el dinero que entra (como las nóminas o las actividades secundarias) y el que sale (alquiler, comida, suscripción al gimnasio), y tomar decisiones en consecuencia.

"O" es de Determina tus Objetivos. ¿Qué quieres que consigan tus finanzas para ti? ¿Salir de deudas? ¿Comprar una casa? Hazlos <u>SMART: Específicos, Mensurables, Alcanzables, Relevantes y Limitados en el tiempo</u>. Fija estos objetivos en tu tablero de visión mental o físico mientras trazas el camino para alcanzarlos.

"N" es de Valor Neto. Tu patrimonio neto es lo que tienes menos lo que debes. Calcúlalo sumando tus activos (cuentas bancarias, vivienda, inversiones y activos físicos como el coche) y restando tus deudas. Haz un seguimiento a lo largo del tiempo para ver cómo te va. ¿Estás "más en forma" financieramente?

"E" es de Fondo de Emergencia. Intenta ahorrar suficiente dinero para cubrir de tres a seis meses de gastos de vida. Puede que necesites este fondo para hacer frente a gastos inesperados, como urgencias médicas o la pérdida de un empleo.

"Y" es por Ceder a un presupuesto. Un presupuesto es tu plan de gastos personalizado. Utiliza herramientas presupuestarias para asignar tus fondos y derrochar donde haga falta sin dejar de lado tus ahorros.

"M" es de Toma decisiones de inversión. Invierte con inteligencia, como se indica en los Capítulos 1 y 2.

"A" significa Evaluar las necesidades de seguro. Consulta el debate sobre los riesgos asegurables en el Capítulo 31, el seguro de vida en el Capítulo 32 y los riesgos no asegurables en el Capítulo 33.

La "P" es de Preparación para la Jubilación. Consulta el Capítulo 23 para calcular cuánto necesitarás.

Saber todo esto te ayuda a comprender dónde estás y cómo llegar adonde quieres ir. Tu MAPA DEL DINERO no es un documento estático. Debe evolucionar a medida que cambia tu vida. Revísalo y adáptalo a medida que consigas nuevos empleos, explores nuevas relaciones o ajustes tus objetivos.

Consejo para más riqueza

Elabora tu MAPA DEL DINERO, tu truco financiero definitivo, para navegar por las complejidades de las finanzas personales y transformarlas en un plan sencillo y procesable.

Capítulo 21
El análisis Montecarlo puede utilizarse mal

Por qué defiendo el uso del análisis de Montecarlo. Prefiero estar vagamente en lo cierto que precisamente equivocado".

Michael Kitces

Algunos planificadores financieros ensalzan la capacidad del "análisis de Montecarlo" para superar la falta de fiabilidad inherente a las proyecciones financieras. Es una herramienta muy utilizada en la planificación financiera para evaluar los resultados potenciales en un plazo de tiempo concreto. Suele emplearse para calcular la probabilidad de alcanzar los objetivos de jubilación teniendo en cuenta los ahorros actuales, las aportaciones previstas, los rendimientos de las inversiones, la inflación y las tasas de retirada.

El término fue acuñado por físicos que intentaban mejorar la toma de decisiones durante la Segunda Guerra Mundial. Se llamó así por el casino de Mónaco, porque el elemento de azar es fundamental en su enfoque de modelización, "similar a un juego de ruleta".

El análisis de Montecarlo nunca pretendió ser una herramienta que aportara precisión matemática a la planificación de la jubilación.

Una visión general del análisis Monte Carlo

Un análisis Monte Carlo simula miles de escenarios, proporcionando una distribución de resultados potenciales y ayudando a los clientes a calibrar la probabilidad de alcanzar sus objetivos de jubilación.

Un componente vital del análisis es mostrar cómo se comportará una cartera de inversión a lo largo del tiempo. El programa tiene en cuenta la asignación de activos, los datos históricos del mercado y los supuestos de volatilidad para generar escenarios simulados. Analizando los valores resultantes de la cartera, los clientes pueden evaluar supuestamente la probabilidad de alcanzar sus objetivos de inversión.

El análisis Monte Carlo también se promociona como una ayuda para evaluar el impacto de los riesgos potenciales en un plan financiero. Puede simular la volatilidad del mercado, cambios en los tipos de interés, gastos inesperados, fluctuaciones de los ingresos o escenarios como la compra de una casa, la creación de una empresa o el cambio de trayectoria profesional.

Al cuantificar la probabilidad y la magnitud potencial de estos riesgos y decisiones, supuestamente puedes emprender estrategias de mitigación de riesgos como la cobertura de seguros, los fondos de emergencia o el ajuste de las asignaciones de inversión.

El resultado del cálculo suele expresarse como una probabilidad, por ejemplo: "Tienes un 95% de probabilidades de no sobrevivir a tu dinero".

Limitaciones de Monte Carlo

A pesar de la increíble potencia de cálculo que genera un análisis Monte Carlo, la pregunta persiste: ¿deberías confiar en él?

Depende mucho del software utilizado. ¿Qué suposiciones hace sobre los rendimientos de las clases de activos, las correlaciones y otras variables? Los modelos pueden simplificar en exceso o no captar todas las complejidades de las situaciones del mundo real.

También pueden sufrir sesgos. Los supuestos inexactos pueden conducir a resultados engañosos. Un <u>estudio</u> descubrió que algunos modelos utilizados en los análisis de Monte Carlo son más propensos a errores que otros.

La calidad de los resultados del análisis Monte Carlo está directamente relacionada con la calidad de los datos de entrada. Si los datos subyacentes para generar los escenarios son defectuosos, los resultados serán igualmente defectuosos.

Dado que un análisis de Monte Carlo suele centrarse en un conjunto específico de variables y sus distribuciones, puede pasar por alto o tener en cuenta de forma inadecuada acontecimientos imprevistos, cambios en las condiciones del mercado o factores externos que pueden afectar significativamente al rendimiento de la inversión.

También hay un problema de interpretación. Puedes creer que una probabilidad del 90% de no quedarte sin dinero es una probabilidad bastante buena y no hacer nada para mejorar tu situación. Pero, ¿y si caes en el otro 10%?

A pesar de sus limitaciones, algunos respetados expertos creen que el análisis de Montecarlo es una forma valiosa de obtener ideas a partir de los datos y que puede ser "una herramienta poderosa tanto para el análisis del mercado como del riesgo".

Monte Carlo DIY

Si crees que un análisis de Montecarlo te ayudaría en tu planificación financiera DIY, hazlo tú mismo.

El sitio web Portfolio Visualizer ofrece una herramienta gratuita de simulación Monte Carlo que permite comprobar el crecimiento esperado de tu cartera y la probabilidad de supervivencia en función de las retiradas.

Consejo para más riqueza

Antes de confiar en los resultados de un análisis de Montecarlo, considera detenidamente sus limitaciones.

Capítulo 22
Coraje empresarial

Siempre que veas un negocio de éxito, es que alguien tomó una decisión valiente.

Peter F. Drucker

Hace casi 25 años, conocí a un hombre extraordinario llamado Emery Kertesz. Estaba casado y tenía dos hijos pequeños. También padecía una enfermedad incurable y sabía que probablemente moriría joven.

Estaba arruinado y se enfrentaba a la ejecución hipotecaria de su casa. Aunque se había formado como ingeniero de sonido, su enfermedad le incapacitó para trabajar.

Eran los primeros días de Internet. Acudió a mí con la idea de crear una empresa online que vendiera equipos de audio directamente a las empresas. Me dijo que diseñaría y ensamblaría el primer producto -altavoces de techo- en su garaje para reducir los gastos generales.

El capital riesgo que necesitaba estaba a mi alcance.

Consulté a contables y expertos del sector. Creían unánimemente que su idea era "100% perdedora". Hice caso omiso de sus consejos y proporcioné la financiación basándome en un presentimiento especial que tenía sobre Emery.

El negocio fue modestamente rentable desde su primer mes de funcionamiento. Hoy lo dirigen sus hijos y está floreciendo.

Peter Drucker tenía razón: hace falta valor para poner en marcha (o financiar) una nueva empresa.

Si tienes valor y puedes permitirte el riesgo, considera si montar un negocio debería formar parte de tu planificación financiera DIY.

Millennials y espíritu empresarial

Un estudio realizado en 2020 por GoDaddy entre 3,000 estadounidenses, incluidos 1,000 millennials, descubrió que el 30% de los millennials tenían un pequeño negocio o *side hustle*. Casi el 20% dijo que era su principal fuente de ingresos.

La mentalidad de los millennials es la razón principal de que esta generación sea tan emprendedora. Según el estudio, "el 47% de los millennials cree que todos los estadounidenses tienen los medios para crear su propia empresa, y el 84% reveló estar más satisfecho como empresario que cuando trabajaba por cuenta ajena."

Debido a sus conocimientos técnicos, los millennials creen que están mejor preparados para crear una nueva empresa que las generaciones anteriores.

La mentalidad empresarial

Los empresarios suelen ser visionarios que ven oportunidades donde otros ven retos. Están dispuestos a asumir riesgos calculados sobre la base de decisiones informadas. Establecer objetivos como empresario significa alinear tu visión empresarial con pasos procesables e hitos tangibles.

Si has creado o quieres crear tu propia empresa, esto es lo que necesitas saber sobre la fijación de objetivos para la iniciativa empresarial.

- **Pasos graduales:** Los empresarios deben equilibrar sus visiones amplias y estratégicas con el meollo de las operaciones diarias. Esto significa establecer objetivos globales a largo plazo que se desglosen en objetivos a más corto plazo. El objetivo a largo plazo puede ser crear un producto líder en el mercado, mientras que los objetivos a corto plazo incluyen la investigación de mercado, el diseño del producto y el desarrollo del prototipo inicial.

- **Evaluación de riesgos:** El riesgo inherente a la creación de una empresa significa que los objetivos deben incluir una evaluación del riesgo y planes de contingencia. Los empresarios suelen fijarse objetivos ambiciosos, pero tienen flexibilidad incorporada para pivotar en función de las reacciones del mercado o de la realidad financiera.

- **Estudio de mercado:** Antes de fijar los objetivos empresariales, es crucial comprender tu mercado y el grupo demográfico al que te diriges, para que tus objetivos reflejen lo que necesitan los clientes.

- **Evalúa a la competencia:** Los objetivos también deben tener en cuenta el panorama competitivo. Esto incluye evaluar a los competidores e identificar propuestas de venta únicas para tu negocio.

- **Proyecciones financieras:** Uno de los principales objetivos de cualquier empresa nueva es conseguir capital inicial. Los objetivos relacionados con la financiación incluyen dirigirse a inversionistas, solicitar préstamos o subvenciones, o lanzar una campaña de crowdfunding.

- **Presupuestar:** El establecimiento de objetivos financieros implica la elaboración de presupuestos detallados y la fijación de objetivos claros de ingresos. Estos objetivos no sólo son cruciales para la viabilidad de la empresa, sino también para atraer a los inversionistas, que necesitan ver un camino hacia la rentabilidad.

- **Cumplimiento legal y normativo:** Crear una nueva empresa implica tener en cuenta cuestiones legales y normativas, como la forma de entidad corporativa que vas a establecer, comprender las obligaciones fiscales y obtener las licencias y permisos necesarios.

- **La propiedad intelectual:** Los empresarios necesitan proteger su propiedad intelectual, incluida la solicitud de patentes, marcas comerciales o derechos de autor.

- **El marketing:** El marketing y el desarrollo de la marca son objetivos cruciales para cualquier empresa nueva. Esto podría incluir el diseño de un logotipo, el desarrollo de una voz de marca y la creación de una estrategia de marketing que se alinee con los valores de la empresa y el grupo demográfico objetivo.

- **Estrategias de compromiso:** Las estrategias de captación incluyen el desarrollo del sitio web, la estrategia de redes sociales y el marketing de contenidos para captar clientes potenciales y crear una comunidad en torno a la marca.
- **Planificar el crecimiento:** Los empresarios deben fijarse objetivos de escalabilidad. Establece sistemas y procesos para gestionar un aumento de volumen, y considera posibles mercados futuros.
- **Supervisar el progreso:** Los empresarios necesitan evaluar el éxito. Esto significa establecer indicadores clave de rendimiento (KPI) y revisar periódicamente los procesos para evaluar lo que funciona y lo que necesita ajustes.
- **El desarrollo personal: Los** objetivos empresariales incluyen el desarrollo personal del fundador, especialmente la mejora de las habilidades de liderazgo, el aprendizaje de las nuevas tendencias del mercado y la adquisición de conocimientos específicos del sector.
- **Creación de equipos:** Construye un equipo capaz empezando por el primer empleado contratado. Identifica las funciones críticas dentro de la empresa y crea una cultura que atraiga a los mejores talentos.
- **Sé ágil:** Los empresarios deben ser ágiles. El entorno empresarial puede cambiar rápidamente, y los empresarios de éxito deben estar dispuestos a modificar sus objetivos en respuesta a la nueva información o a los cambios del mercado.

La iniciativa empresarial es un paisaje único en el que los objetivos no son meras aspiraciones, sino los bloques de construcción de tu futura empresa. Si incorporas estas consideraciones a las prácticas de fijación de objetivos, maximizarás tus posibilidades de éxito y justificarás tu valiente decisión de crear tu empresa.

Consejo para más riqueza

Aunque poner en marcha una empresa implica un riesgo importante, establecer cuidadosamente los objetivos y la planificación correspondiente puede maximizar las posibilidades de éxito.

Parte Seis
Llegar al "Número"

Puede que no sea tanto
—o tan difícil—
como crees.

Capítulo 23
¿Cuánto es suficiente?

Una de las reglas empíricas tradicionales sobre cuánto debes ahorrar para la jubilación es la regla del 4 por ciento. La idea es que no debes retirar más del 4 por ciento de tus cuentas de jubilación en un año determinado, para que tus activos duren durante tu jubilación.

James Royal, Doctor y Brian Baker, CFA, "How much should I save for retirement?", *Bankrate*

He aquí una pregunta crítica que tendrás que abordar: ¿Cuánto necesitarás para jubilarte y mantener tu calidad de vida sin quedarte sin dinero durante tu vida y la de los tuyos?

Puede parecer una cantidad desconocida o insuperable, pero no lo es. No dejes que el miedo o la inercia te abrumen y te impidan tomar las decisiones sencillas y proactivas que te llevarán a la vida que deseas.

Los medios financieros quieren hacerte creer que debes ganar una fortuna para acumular lo suficiente para jubilarte, pero eso no siempre es cierto. Tus ingresos por sí solos no determinan tu destino financiero.

Olive Swindells murió a los 94 años con una cartera de acciones de 4.4 millones de dólares. Su marido era dibujante de planos. No había otras fuentes de ingresos aparentes. Vivían en una casa modesta e invirtieron en una portafolio de acciones que floreció con los años.

Ronald Read era empleado de gasolinera y conserje jubilado. Cuando murió en 2015, dejó un patrimonio valorado en 8 millones de dólares. Vivió frugalmente, mantuvo sus inversiones durante mucho tiempo y se benefició de la capitalización durante una larga vida.

Una planificación sólida de la jubilación consiste en equilibrar la acumulación de riqueza con el disfrute de tu vida en el presente.

Factores a tener en cuenta en la planificación de la jubilación

Casi todo el mundo quiere mantener su nivel de vida durante la jubilación. Este objetivo puede parecer desalentador porque tienes que hacer planes para hacer frente al aumento de los gastos de salud y a la erosión de tu poder adquisitivo debido a la inflación. Otras consideraciones son:

- "Riesgo de longevidad". Nadie quiere sobrevivir a su dinero.
- Cuándo puedes jubilarte y cuánto puedes retirar cada año para asegurarte de que tus ahorros duren toda tu jubilación.
- Emergencias, gastos imprevistos, y tal vez cumplir tu deseo de dejar un legado a hijos o nietos.

El objetivo final de la planificación es saber cuánto es "suficiente". Una vez que tengas esa cifra, podrás planificar para alcanzarla. Saber cuánto es suficiente puede proporcionarte tranquilidad financiera, disminuir el miedo a quedarte sin dinero y reducir la ansiedad ante las fluctuaciones del mercado. Si tu cifra "suficiente" requiere un mayor rendimiento de tus inversiones, puede que tengas que aceptar un mayor nivel de volatilidad.

Para averiguar tu número, tienes que entender tus objetivos financieros (y cuánto te costarán) y alinear ese conocimiento con tu estrategia de inversión. Esto difiere de una persona a otra en función de su tolerancia al riesgo, su estilo de vida y sus planes de jubilación.

Encontrar tu número "suficiente"

Si es tan importante, ¿por qué tan pocas personas conocen su número "suficiente", y por qué aún menos tienen un plan para alcanzarlo?

Aquí tienes algunas pautas básicas fáciles de seguir.

Según Fidelity, necesitarás ahorrar diez veces tus ingresos previos a la jubilación a los 67 años para asegurarte unos ingresos suficientes para mantener tu calidad de vida en la jubilación.

Aunque entre el 15 y el 20% (dependiendo de tu edad cuando empieces a ahorrar) es una tasa de ahorro recomendada, es importante ajustar este porcentaje a tus circunstancias específicas. Puede que necesites modificar tu tasa de ahorro si tienes niveles de deuda elevados u otras obligaciones financieras (véase el debate sobre la suavización del consumo en el Capítulo 26).

Fidelity estima que debes prever gastar entre el 55 y el 80% de tus ingresos anuales de trabajo cada año durante la jubilación. La cantidad exacta dependerá de tu estilo de vida durante la jubilación y de los gastos sanitarios. El porcentaje que gastarás varía en función de tu calidad de vida en la jubilación y de tu nivel de ingresos.

En lugar de calcular la cantidad que necesitas ahorrar basándote en tus ingresos actuales, considera la posibilidad de cambiar el enfoque hacia tus gastos. En la jubilación, tendrás que cubrir tus gastos, no necesariamente igualar tus ingresos previos a la jubilación.

Calcula cuánto gastas actualmente y supone que aumentará anualmente según la tasa histórica de inflación.

Mientras que el 3.8% fue la tasa media de inflación entre 1960 y 2022, en la última década la inflación ha sido sólo del 1.88% en promedio. Si crees que la Reserva Federal está administrando la inflación de forma diferente y que la década pasada es más representativa del futuro, considera la posibilidad de utilizar una tasa de inflación menos conservadora, como el 3.00%. También podrías utilizar una cifra más baja para la inflación general y una más alta para los gastos de salud y educativos, ya que esas áreas son motores a largo plazo de una mayor inflación.

Otros factores a tener en cuenta cuando apliques estas directrices a tu situación particular:

Esperanza de vida (para ti y tu cónyuge): La buena noticia es que los estadounidenses viven más que las generaciones anteriores. Por otro lado, debes planificar para evitar quedarte sin dinero a medida que envejeces.

La Social Security Administrarion tiene una "Calculadora de prestaciones de jubilación y supervivencia: Calculadora de esperanza de vida" en su sitio web. Selecciona tu sexo, introduce tu fecha de nacimiento y calculará el número medio de años adicionales que puedes esperar vivir.

Aunque esta calculadora ayuda a proporcionar una estimación, no es personalizada. No tiene en cuenta los avances en asistencia médica, los cambios en el estilo de vida, la situación socioeconómica y las circunstancias individuales, que pueden influir en la esperanza de vida.

Puedes obtener una estimación personalizada de la esperanza de vida utilizando "La Calculadora de la Esperanza de Vida de Vivir hasta los 100". Esta calculadora se basa en The New England Centenarian Study el estudio más completo sobre personas de más de 100 años de edad y sus familias. Te hace 40 preguntas sobre tu salud y tus antecedentes familiares y sólo tardas unos diez minutos en completarla. Después de responder a las preguntas, recibirás información personalizada.

Ingresos anuales actuales: Supón que tus ingresos aumentarán según la tasa de inflación.

Tasa de rendimiento esperadda de las inversiones: Tendrás que basarte en datos históricos para introducir la tasa de rentabilidad esperada de tus inversiones. Por desgracia, los rendimientos históricos no garantizan el rendimiento futuro. Las condiciones del mercado y los factores económicos pueden variar significativamente, y el rendimiento de las acciones y los bonos puede fluctuar. Los rendimientos se expresan a menudo como "rendimientos promedio anualizados", asumiendo rendimientos nivelados a lo largo del tiempo, que no es lo que ocurre. Véase el debate sobre la secuencia de los rendimientos en el Capítulo 25.

Tu asignación de activos desempeña un papel importante a la hora de deter-

156

minar los futuros rendimientos esperados. Los rendimientos esperados de una cartera con un mayor porcentaje de acciones serán mayores que los de una cartera asignada principalmente a bonos.

Si esto te parece abrumador, considera la posibilidad de utilizar una calculadora de jubilación que te dará una buena aproximación.

Consejo para más riqueza

Siguiendo algunas pautas generales, los planificadores de la jubilación DIY pueden obtener una estimación tan fiable de la cantidad que probablemente necesitarán para mantener su estilo de vida durante la jubilación como la que podrían obtener utilizando un software sofisticado.

Capítulo 24
El papel
de la gratitud

A menudo se dice que si tienes comida en la nevera, ropa en la espalda y un techo bajo el que dormir, eres más rico que el 75% del mundo.

Justin Chidester, "How Gratitude Helps You Retire Early", *Wealth Mode*

La industria financiera tiene un interés económico en hacerte creer que debes ahorrar grandes cantidades de dinero para la jubilación. Esa creencia genera honorarios y comisiones que engrosan sus ingresos.

¿Cuánto necesitas para ser feliz en la jubilación?

Cuando respondas a esa pregunta, no pases por alto el papel fundamental de la gratitud.

Los estoicos comprendieron la relación entre querer menos y aumentar la gratitud. La visión estoica de la gratitud fue resumida por Marco Aurelio: "Todo lo que necesitas es esto: certeza de juicio en el momento presente; acción por el bien común en el momento presente; y una actitud de gratitud en el momento presente por cualquier cosa que se te presente".

El impacto de la gratitud

En 2003, un estudio del que eran coautores Robert A. Emmons y Michael E. McCullough, publicado en el *Journal of Personality and Social Psychology*, investigó el papel de la gratitud y el bienestar subjetivo en la vida cotidiana. Descubrió que los participantes a los que se instruía para que se centraran en las partes de su vida por las que estaban agradecidos experimentaban un "mayor bienestar".

Un artículo de *The New York Times* resumía el estudio y citaba al Dr. Emmons: "La gratitud cura, da energía y cambia la vida... Es el prisma a través del cual vemos la vida en términos de dones, dadores, bondad y gracia."

Otros estudios han descubierto que practicar la gratitud se asocia a una disminución de la tensión arterial y a otros cambios positivos en los parámetros de salud.

Practicar la gratitud puede ayudarte a que tu jubilación -y tu vida actual- sea más agradable y satisfactoria sin que te cueste un céntimo. Cuando dedicas tiempo a apreciar a las personas, las experiencias y las bendiciones de tu vida, cultivas emociones positivas y reduces los sentimientos de aburrimiento o insatisfacción.

He aquí cómo practicar la gratitud puede reducir la cantidad de dinero necesaria en la jubilación:

- Al centrarte en la gratitud, cambias tu mentalidad y pasas de acumular más a apreciar lo que tienes. Hacerlo puede llevarte a llevar un estilo de vida más modesto y a necesitar menos.
- La gratitud te ayuda a valorar las relaciones y las experiencias por encima de los objetos materiales, lo que te lleva a gastar menos.
- Expresar gratitud reduce el estrés y la ansiedad, lo que redunda en una mejor salud y menores gastos médicos.
- Apreciar las alegrías sencillas de la vida, como la naturaleza, los amigos y las aficiones, puede llenar tu tiempo en la jubilación con poco coste.
- Una mentalidad agradecida aumenta la autoestima y la resiliencia, lo que facilita la adaptación a los cambios financieros en la jubilación.
- La gratitud te hace menos propenso a gastar más en deseos que en necesidades, lo que aumenta la satisfacción.

- Las personas agradecidas suelen querer retribuir. Encontrar sentido al dedicar tiempo como voluntario o hacer donaciones a causas puede llevar a necesitar menos ingresos.

Desafíos para la satisfacción

No pretendo minimizar los retos de contentarse con menos. Desde una perspectiva psicológica y neurocientífica, la búsqueda perpetua de más -bienes materiales, logros o experiencias- está programada en nuestro cerebro. Ésa es parte de la razón por la que la gratitud debe ser una práctica deliberada.

Las teorías de la Cinta Hedónica y del Nivel de Adaptación ofrecen una perspectiva sobre cómo nos adaptamos a los cambios positivos o negativos de la vida y cómo eso repercute en nuestros niveles de felicidad.

La teoría de la Cinta Hedónica afirma que tenemos un nivel básico de felicidad al que acabamos volviendo tras experimentar acontecimientos positivos o adversos. Alguien que gana la lotería o consigue un gran ascenso puede experimentar un aumento temporal de la felicidad. Pero con el tiempo, se adaptará a sus nuevas circunstancias y volverá a su nivel de felicidad original.

En la cinta hedónica, te esfuerzas constantemente por obtener más placer, pero nunca te sientes satisfecho.

Mantenerse en la cinta hedónica es caro. Practicar la gratitud es gratis.

La teoría del Nivel de Adaptación, desarrollada por el psicólogo Harry Helson, sugiere que nos adaptamos a estímulos y experiencias con el tiempo. Nuestro nivel de adaptación se ajusta a medida que se producen acontecimientos positivos o negativos, pero al final nos acostumbramos a nuestra nueva normalidad.

He aquí un ejemplo: Entras en una panadería e inmediatamente te invade el olor de los productos recién horneados. Tras esperar unos minutos en la cola, tu percepción desaparece, aunque el nivel de olor sea el mismo. Te has adaptado a los nuevos estímulos.

Estas dos teorías sugieren que los cambios positivos o negativos no afectan permanentemente a nuestra felicidad. Experimentamos fluctuaciones a corto plazo basadas en los acontecimientos de la vida, pero al final volvemos a nuestra línea de base. Por tanto, no podemos confiar en que los grandes acontecimientos externos, las posesiones o los logros repercutan drásticamente en nuestra felicidad a largo plazo.

La neurociencia ofrece otra explicación de por qué creemos que las posesiones materiales aumentarán nuestra felicidad. Como se explica en el Capítulo 14, la dopamina se libera cuando experimentamos algo nuevo o realizamos actividades placenteras, como correr una maratón o alcanzar un objetivo personal.

El problema surge cuando nos adaptamos a los niveles de dopamina liberados por determinados logros o posesiones. Puede que entonces necesitemos logros o posesiones más importantes para desencadenar el mismo nivel de placer, lo que nos lleva a una búsqueda interminable de más.

La teoría de la comparación social es un concepto psicológico que explica cómo nos evaluamos a nosotros mismos comparando nuestras capacidades, creencias y opiniones con las de los demás. La teoría postula que tenemos un impulso innato de evaluarnos a nosotros mismos en comparación con los demás.

Las redes sociales exacerban la comparación social. Las vidas que se presentan online pueden dar lugar a comparaciones poco realistas, amplificando los sentimientos de inadecuación e insatisfacción.

Cuando nos comparamos continuamente con otras personas que percibimos como que viven vidas superiores, nos sentimos inadecuados o con menos éxito, lo que reduce la autoestima y refuerza la sensación de fracaso, afectando a nuestra felicidad general.

La comparación social a menudo lleva a <u>desear más posesiones materiales</u> para "estar a la altura" de los demás. Esta búsqueda de riqueza material puede convertirse en un ciclo interminable que nos aleja de la verdadera satisfacción y plenitud.

Comprender la interacción de estas ideas desplaza la satisfacción básica de la adquisición de más bienes materiales a prácticas como la gratitud, el mindfulness, las relaciones sólidas y la búsqueda de objetivos.

Consejo para más riqueza

Saciar la sed de "más" significa desplazar nuestra atención hacia aspectos más significativos de nuestra vida.

Capítulo 25
Una trampa para incautos

El rendimiento promedio del mercado durante un periodo de treinta años podría ser bastante generoso. Pero si experimentas rendimientos negativos cuando empieces a administrar tu portafolio, te enfrentarás a un obstáculo insalvable que no podrás superar aunque el mercado ofrezca rendimientos más altos más adelante en la jubilación.

Wade Pfau, Doctor, CFA, RICP®, "Navigating One of the Greatest Risks of Retirement Income Planning", *Investigador de la Jubilación*

Al evaluar tu cifra "suficiente", debes tener en cuenta la secuencia de rendimientos, porque podría tener un impacto significativo en tu calidad de vida durante la jubilación.

La secuencia de rendimientos es el orden en que se producen los rendimientos de las inversiones durante un periodo de tiempo. Es un concepto importante en la planificación financiera, sobre todo en la planificación de la jubilación, porque el momento y el orden de los rendimientos de la inversión pueden influir significativamente en el valor total de tu cartera, si estás contribuyendo a ella o retirándote de ella.

Prestar atención a tu asignación de activos y a los retiros que hagas de tus cuentas durante la jubilación puede evitar trastornos importantes.

Por qué es importante la secuencia

Utilicemos el índice S&P 500 como ejemplo.

El rendimiento promedio anualizado del índice S&P 500 desde su creación en 1926 es del 10.13%. Estos datos pueden hacerte creer que puedes contar con rendimientos constantes del 10.13% anual, pero no es así.

Si observas los rendimientos reales del índice para cada año desde 1926, te sorprenderá saber que varían enormemente. Por ejemplo, en 2008, el índice perdió un 37% de su valor, y en 2019 ganó un 31.49%.

Esta variación puede perjudicar la sostenibilidad de un portafolio en la fase de retiro.

Cuando los rendimientos de las inversiones son positivos al principio de la jubilación, tu portafolio puede crecer y compensar posibles pérdidas en años posteriores. Sin embargo, si los rendimientos negativos se producen al principio de la jubilación, pueden mermar considerablemente el valor de tu portafolio, dificultando su recuperación incluso si después se producen rendimientos positivos.

En este ejemplo facilitado por Charles Schwab, dos inversionistas tienen cada uno una cartera de 1 millón de dólares. Cada uno retira $50,000 al año (ajustados a la inflación). Ambos experimentan un descenso del 15% en el valor de la cartera, pero en momentos diferentes.

El inversionista 1 sufre el descenso en los dos primeros años de jubilación.

El inversionista 2 sufre el mismo descenso en los años 10 y 11 de jubilación.

En el 18º año de jubilación, el Inversionista 1 se queda sin dinero. El Inversionista 2 aún tiene una cartera por valor de $400,000.

Gestión del riesgo de Secuencia de Rendimientos

Gestionar el riesgo de secuencia de rendimientos es un reto.

Podrías reducir la cantidad que retiras de tus cuentas en los años bajos.

Podrías plantearte recurrir al capital de tu vivienda y al valor en efectivo del seguro de vida durante estos periodos, para no tener que retirar dinero de tu portafolio.

Podrías aumentar el importe de tu fondo de emergencia y utilizarlo durante los periodos de rentabilidad negativa de las acciones.

Mantén una reserva de inversiones líquidas (como fondos de bonos a corto plazo, certificados de depósito a corto plazo y cuentas del mercado monetario) que puedas utilizar para pagar gastos sin vender acciones con pérdidas.

La amenaza potencial del riesgo de secuencia de rendimientos muestra la importancia de garantizar que tu asignación de activos -en particular la cantidad asignada a los bonos- es adecuada para tu tolerancia al riesgo. Tomar distribuciones de tus bonos te protegerá contra la venta de acciones en un mercado bajista, pero puede dejarte con una cartera más volátil.

Consejo para más riqueza

Presta atención a la secuencia de rendimientos antes y durante la jubilación para evitar un impacto catastrófico en tu calidad de vida.

Capítulo 26
Suavizar los ahorros

Independientemente de la cantidad que ahorres, sin duda estarás en mejor situación si empiezas pronto que si esperas hasta mediados de los 30 o los 40.

Jack VanDerhei, Director de Investigación del Instituto de Investigación de Beneficios para Empleados

Casi todos los libros de finanzas ensalzan las virtudes del ahorro temprano. La premisa de este consejo es irrefutable. Ahorrar pronto aprovecha el poder del interés compuesto.

La siguiente historia real ilustra el poder del interés compuesto.

Grace Groner quedó huérfana a los 12 años. Unos amigos de la familia la criaron a ella y a su hermana gemela.

Tras graduarse en el Lake Forest College en 1931, se empleó como secretaria en los Laboratorios Abbott, donde permaneció más de cuatro décadas.

En su primer año de empleo, compró tres acciones de Abbott por $60 dólares cada una y las mantuvo durante el resto de su vida.

Vivía frugalmente en una pequeña casita de un dormitorio. Cuando le robaron el coche, no compró otro y se fue a pie.

Cuando falleció en 2010, a los 100 años, su inversión valía 7.2 millones de dólares. Además de su estilo de vida frugal, este increíble resultado se debió a la división de acciones, la revalorización de sus acciones y el poder del interés compuesto. Los dividendos de sus acciones de Abbott se reinvirtieron para comprar más acciones, generando más dividendos, que ella utilizó para comprar más acciones.

No saques una lección equivocada de esta historia. No te estoy recomendando que compres una acción individual y esperes obtener resultados similares a los que consiguió la Sra. Groner. Pero su inspiradora historia demuestra el poder de vivir por debajo de tus posibilidades, el asombroso impacto del interés compuesto y el beneficio de dedicarse a la "inactividad magistral" (como se expone en el Capítulo 15).

Una ilustración famosa del interés compuesto es la <u>fábula</u> del tablero de ajedrez y el grano de arroz.

El inventor del ajedrez presentó su tablero al emperador de la India. El emperador quedó debidamente impresionado y le dijo que le pusiera un precio como recompensa por su ingenio.

El hombre respondió: "Oh, Emperador, mis deseos son sencillos. Sólo deseo esto Dame un grano de arroz para la primera casilla del tablero de ajedrez, dos granos para la casilla siguiente, cuatro para la siguiente, ocho para la siguiente y así sucesivamente para las 64 casillas, teniendo cada casilla el doble de granos que la casilla anterior."

Al principio, al emperador le impresionó esta modesta petición, pero al cabo de una semana se dio cuenta de que no podía satisfacerla.

<u>He aquí por qué</u>: "...en el cuadrado de 64th, el rey habría tenido que poner más de 18.000.000.000.000.000.000 de granos de arroz, lo que equivale a unos 210.000 millones de toneladas. Es suficiente para cubrir todo el territorio de la India con una capa de arroz de un metro de espesor».

Ésa es la magia del interés compuesto.

Obstáculos para ahorrar pronto

Ahorrar pronto aprovecha este poder y es una gran idea... si puedes hacerlo. Empezar lo antes posible con una tasa de ahorro constante que oscile entre el 10% y el 20% de los ingresos sería lo ideal.

Hay tres problemas con este consejo:

1. No tiene en cuenta la cantidad ya ahorrada.
2. No tiene en cuenta la capacidad de ahorrar más en función de los aumentos salariales.
3. No tiene en cuenta la incapacidad de los más jóvenes para cumplir este objetivo de ahorro.

La tercera cuestión es especialmente problemática. Para muchos millennials, llegar a fin de mes en los primeros años de empleo es un reto, y más tarde la sensación de estar ya atrasados es desmotivadora.

Un enfoque más realista

Los economistas ofrecen otro enfoque, la Hipótesis del Ciclo de Vida (HCV, en inglés se conoce como "Life Cycle Hypothesis").

La HCV es una teoría económica desarrollada por el economista Franco Modigliani y su alumno Richard Brumberg en los años 50 que trata de explicar las pautas de gasto y ahorro a lo largo de la vida.

La premisa de la HCV es que cambiamos nuestra atención de una tasa de ahorro constante a "suavizar" nuestro nivel de consumo ("suavización del consumo"). La H supone que la acumulación de riqueza sigue un patrón "en forma de joroba", que hace que se ahorre poco o nada en los primeros años (e incluso que se contraigan deudas durante esos años) y se maximice el ahorro en los años en que los ingresos son más elevados.

La suavización del consumo es <u>controvertida</u>. Algunos expertos financieros creen que fomenta el endeudamiento y el gasto excesivo a una edad temprana e ignora lo rápido que nos adaptamos al aumento de los ingresos. Estas preocupaciones son válidas si se interpreta que la suavización del consumo fomenta el endeudamiento despilfarrador a una edad temprana.

Un planteamiento más práctico sería vivir frugalmente y evitar el mayor endeudamiento posible mientras eres joven. Después, ejerce la disciplina de vivir muy por debajo de tus posibilidades a medida que aumenten tus ingresos, lo que te permitirá ahorrar más en ese momento.

El popular blog *The White Coat Investor* aconseja: "Empieza tu vida con hábitos muy frugales, y siempre te sentirás rico".

Deshazte de la culpa

Los consejos tradicionales sobre el tipo de ahorro fijo pueden hacerte sentir culpable si estás cargado con deudas de préstamos estudiantiles, te afectó la Gran Recesión de 2008, te perjudicó la pandemia del COVID-19 o, de algún otro modo, no pudiste ahorrar durante tus primeros años.

No estás solo, y tus objetivos de jubilación no se han visto irreparablemente perjudicados.

Cambia tu enfoque de un rígido objetivo de ahorro a suavizar tu consumo a lo largo de tu vida. Hacerlo te permitirá ahorrar más cuando ganes más y compensar los momentos en que no hayas podido ahorrar tanto.

Consejo para más riqueza

Aunque empezar a ahorrar pronto es lo óptimo, si no es posible, cambia tu enfoque para suavizar tu consumo y ahorrar más cuando ganes más.

Capítulo 27
Presupuestos modernos

Tener un objetivo en mente para tu presupuesto es importante cuando decidas cuánto dinero reservar y cuánto gastar.

Universidad de Yale, "Budgeting and Goal Setting, Financial Literacy"

Sabes que necesitas un presupuesto, pero está muy abajo en tu lista de prioridades.

Fijar objetivos sin elaborar un presupuesto es como intentar navegar en un barco sin mapa ni brújula. Puede que al final llegues a alguna parte, pero es más probable que te pierdas por el camino.

La mano de obra moderna, definida por los avances tecnológicos, la economía colaborativa y un cambio en los valores profesionales y vitales, se enfrenta a un panorama financiero diferente en comparación con las generaciones anteriores. Estos cambios exigen una reevaluación de las estrategias presupuestarias.

- **La jubilación:** Hoy en día, la responsabilidad de planificar la jubilación suele recaer enteramente en los particulares, que deben presupuestar las aportaciones a cuentas de jubilación como las 401(k)s y las IRAs, sin el colchón de una pensión.
- **Servicios de Salud:** Antes, las empresas solían ofrecer prestaciones de salud completas, lo que minimizaba los costos médicos individuales. Con el auge de los planes de salud con deducibles elevadas y la economía colaborativa, muchos empleados tienen que hacer frente a gastos de salud más altos.
- **HSA y FSA:** Para administrar los gastos médicos más elevados, los trabajadores modernos con derecho a Cuentas de Ahorros de Salud (HSA) y Cuentas de Gastos Flexibles (FSA) deberían plan-

tearse contribuir a estas cuentas, que ofrecen ventajas fiscales para los gastos médicos.

- **La tecnología:** Los presupuestadores modernos tienen la ventaja de la tecnología financiera. Aplicaciones como You Need a Budget (YNAB) y Empower (antes Personal Capital) pueden ayudar a identificar los ingresos y gastos variables, establecer objetivos financieros y supervisar las inversiones. Apps como PocketGuard hacen un seguimiento de los gastos "para ayudar a los clientes a gastar menos de lo que ganan".

- **Gasto dinámico:** Los presupuestos históricos sugerían destinar el 50% de los ingresos a las necesidades, el 30% a los deseos y el 20% al ahorro y al pago de deudas. Es posible que esta fórmula deba modificarse para la población activa moderna, que adopta un enfoque más dinámico en el que los porcentajes fluctúan mensualmente en función de los ingresos y los gastos.

- **Aprendizaje continuo:** El aprendizaje continuo y el perfeccionamiento profesional deben formar parte de un presupuesto moderno. Dado el rápido ritmo de cambio de los mercados de trabajo, reservar fondos para el desarrollo profesional es una inversión en estabilidad financiera.

- **Gestión de la deuda:** Con el potencial de variabilidad de los ingresos, es esencial un plan sólido de pago de la deuda. Esto puede implicar estrategias como el método de la bola de nieve de deudas (pagar primero la deuda más pequeña; hacer el pago mínimo de las demás) o el método de la avalancha (pagar primero la deuda con mayor interés; hacer el pago mínimo de las demás).

Aunque los principios básicos del presupuesto siguen siendo los mismos -gastar menos de lo que ganas, ahorrar para el futuro y vivir dentro de tus posibilidades-, su aplicación ha evolucionado con los tiempos.

Consejo para más riqueza

Elaborar un presupuesto es un componente fundamental de la planificación financiera. Asegúrate de que tu presupuesto tiene en cuenta las realidades de la vida moderna.

Capítulo 28

Acaba con los préstamos estudiantiles

*Millones de estadounidenses se ven afectados por la carga de la deuda de los préstamos estudiantiles. En Estados Unidos, la deuda por préstamos estudiantiles **se acerca a los 2 billones de dólares.***

Departamento de Protección e Innovación Financiera de California

Cuando estás cargado con la deuda de un préstamo estudiantil, es difícil planificar el futuro.

Más de 45 millones de antiguos alumnos tienen deudas por préstamos estudiantiles. Casi la mitad de ellos siguen debiendo más de $20,000 veinte años después de empezar los estudios. La deuda promedio es de $37,338 por persona. La deuda de los préstamos estudiantiles privados es aún mayor: $54,921 por persona.

Además de pagar el principal, los intereses son un factor importante en la deuda estudiantil. Casi el 92% de la deuda de préstamos estudiantiles es federal, con tipos de interés que oscilan entre el 4.99% y el 7.54%. Los tipos de los préstamos estudiantiles privados pueden alcanzar casi el 15%.

Si te enfrentas a la deuda de un préstamo estudiantil, es fácil sentirse desesperanzado, pero no renuncies a tus objetivos a largo plazo. A continuación encontrarás estrategias para gestionar esta deuda.

El conocimiento es poder

Si tienes un préstamo federal, ve al sitio web de Federal Student Aid y confirma que entiendes las cantidades del préstamo, los tasas de interés y las condiciones de pago de cada préstamo. Haz lo mismo con el administrador de tu préstamo privado si tienes un préstamo privado.

Puede resultar deprimente mirar las cifras, pero tener una idea precisa de tu situación es fundamental para elaborar un plan que te permita alcanzar tus objetivos.

Condonación de préstamos y planes de pago

Algunos prestatarios tienen derecho a la condonación del préstamo. Si es tu caso, no tiene sentido no aplicar. El sitio web de Federal Student Aid enumera todas las categorías que dan derecho a la condonación de préstamos, siendo la más común el programa de Condonación de Préstamos para Servicios Públicos.

Entre las posibilidades menos conocidas se incluye la condonación del préstamo en determinadas circunstancias si tu escuela cerró o te engañó.

Continúan los esfuerzos del gobierno federal para condonar la deuda de los préstamos estudiantiles. Debes estar atento a estos acontecimientos para ver si cumples los requisitos.

Tanto si estás en el camino de la condonación de préstamos como si no, el Departamento de Educación de EE.UU. ha puesto en marcha un plan de reembolso de préstamos estudiantiles accesible llamado "Ahorrar en una Educación Valiosa" (SAVE).

Entre los aspectos más destacados del plan SAVE figuran un tope de pago del 5% de los ingresos discrecionales (según se definan) para quienes tengan préstamos universitarios, una reducción de los intereses mensuales para los intereses no cubiertos por los ajustes en función de los ingresos, y la condonación de los préstamos si los saldos originales eran de $12,000 o menos después de haber efectuado 120 pagos.

Págalo pronto

Para la mayoría de los inversionistas DIY, saldar pronto su deuda de préstamos estudiantiles tiene sentido, sobre todo si no tienes derecho a una deducción fiscal por los intereses de tus préstamos estudiantiles. Si tienes varios préstamos estudiantiles, paga primero los que tengan los intereses más altos.

Si tienes deudas no relacionadas con préstamos de estudios con tipos de interés más altos, considera la posibilidad de pagar primero esas deudas.

Averigua si tu empresa puede ayudarte

La Ley de Asignaciones Consolidadas de 2023 puede ayudar a reducir la deuda por préstamos estudiantiles al permitir a las empresas dar a sus empleados hasta $5,250 en ayudas exentas de impuestos para el pago de préstamos estudiantiles hasta el 1 de enero de 2026. Las empresas pueden deducir estos pagos como gasto empresarial, y los empleados pueden excluirlos de sus ingresos. Todos salen ganando.

A partir de 2024, la ley Secure Act 2.0 de 2023, que forma parte de la Ley de Asignaciones Consolidadas de 2023, permitirá a las empresas realizar aportaciones paralelas a sus planes 401(k) para los empleados que realicen "pagos calificados de préstamos para educación superior".

Pregunta a tu empresa si dispone de un programa de contribución a los préstamos estudiantiles.

Considera la posibilidad de refinanciar

Si puedes refinanciar tu préstamo federal en un préstamo privado a un interés más bajo, piénsatelo bien antes de dar este paso. Si refinancias, un prestamista privado será el titular de tu nuevo préstamo, no el gobierno de EEUU. No podrás acogerte a futuras moratorias, reducciones de préstamos o programas de condonación disponibles para los titulares de préstamos federales.

Si tienes un préstamo privado para estudios, considera la posibilidad de refinanciarlo o consolidarlo después de hacer números y decidir que el ahorro en intereses o la diferencia en otras condiciones (como acortar el plazo o eliminar un aval) justifica el esfuerzo.

Consejo para más riqueza

Aprovecha los programas del gobierno y de la empresa para minimizar y pagar tu deuda. Da prioridad al pago de los préstamos para poder centrarte en tus objetivos a largo plazo.

Capítulo 29
Trucos fiscales

La planificación fiscal es el análisis y la ordenación de la situación financiera de una persona para maximizar las oportunidades fiscales y minimizar las obligaciones tributarias de forma legal y eficaz.

Sabrina Parys y Tina Orem, "Tax Planning for Beginners: 6 Tax Strategies and Concepts to Know", *Nerdwallet*

La planificación fiscal te ayuda a conservar más de lo que ganas. Eso significa que tienes más control sobre tu dinero y puedes utilizarlo mejor para vivir la vida que deseas.

Si tu vida financiera es sencilla, quizá puedas hacerlo solo. Si no, probablemente necesitarás la ayuda de un Contador Público Certificado (CPA) o de un asesor financiero que también sea CPA.

Caracterizar el código fiscal federal estadounidense como un complejo laberíntico e interminable es quedarse corto. Tiene unas 2,600 páginas y bastante más de un millón de palabras. Si le sumas los reglamentos del IRS, las resoluciones fiscales, las aclaraciones, las resoluciones judiciales, las anotaciones y demás información, llegas a las 70,000 páginas. Cambia todos los años.

¿Qué es la planificación fiscal?

La planificación fiscal es una estrategia para minimizar la deuda tributaria aprovechando las deducciones, créditos y exenciones. La planificación fiscal es realmente importante e influye en tu planificación financiera de las siguientes maneras:

- **Reduce la carga fiscal:** La planificación fiscal te ayuda a minimizar legalmente tu carga impositiva. Al incorporar la planificación fiscal a tus decisiones financieras, pagas menos impuestos, lo que te permite conservar más dinero ganado con esfuerzo.

- **Maximiza los ingresos:** Al estructurar estratégicamente las transacciones financieras y las inversiones, puedes retener más ingresos, lo que te permite ahorrar, invertir o gastar en tus prioridades.

- **Evitar multas e intereses:** No planificar adecuadamente los impuestos puede acarrear multas e intereses.

- **Protección de activos:** Algunas estrategias de planificación fiscal (como establecer un fideicomiso) pueden ayudar a proteger tus bienes de posibles acreedores.

- **Tranquilidad:** Saber que tienes un plan fiscal bien pensado puede proporcionar tranquilidad y eliminar incertidumbres sobre las obligaciones fiscales, lo que permite una mejor planificación financiera y reduce el estrés durante la temporada de impuestos.

- **Planificación del patrimonio:** Una planificación patrimonial adecuada puede ayudar a minimizar la carga fiscal de los herederos y a preservar más el valor de tu patrimonio.

- **Se adapta a las leyes fiscales cambiantes:** Las leyes fiscales cambian. La planificación fiscal te permite adaptarte a estos cambios sin salirte de los límites legales.

- **Estrategias de inversión:** Las consideraciones de planificación fiscal pueden influir significativamente en las decisiones de inversión. Comprender las implicaciones fiscales de las distintas opciones de inversión te permite tomar decisiones más informadas.

Entre las estrategias habituales de planificación fiscal que puedes utilizar para minimizar tu carga fiscal se incluyen:

- **Maximiza las deducciones y los créditos:** Las deducciones fiscales reducen tu base gravable y disminuyen tu obligación tributaria. Las deducciones "por encima de la línea" reducen tus ingresos (por ejemplo, las aportaciones antes de impuestos a una cuenta de jubilación). Las deducciones "por debajo de la línea" reducen tu renta bruta ajustada (por ejemplo, los intereses hipotecarios).

Cada año, puedes aplicar una deducción estándar (en la cantidad fijada por Hacienda) o detallar tus deducciones.

Un crédito fiscal es una reducción dólar por dólar del impuesto sobre la renta que debes al IRS (por ejemplo, por utilizar paneles solares en tu casa).

Identifica y reclama todas las deducciones y créditos fiscales admisibles. Recurrir a un profesional fiscal cualificado o a un programa informático fiscal puede ayudarte a no pasar por alto ninguna.

- **Utiliza cuentas con ventajas fiscales:** Contribuir a cuentas con ventajas fiscales, como las Cuentas Individuales de Jubilación (IRA), las 401(k)s o las Cuentas de Ahorro para la Salud (HSA), puede ayudar a reducir los ingresos imponibles y a hacer crecer las inversiones libres de impuestos o con impuestos diferidos. Las cuentas IRA Roth permitirán que tu dinero crezca libre de impuestos. Por lo general, puedes hacer retiros libres de impuestos después de los 59½ años.
- **Ser cuidadoso con los tiempos de ingresos y gastos:** Modificar conscientemente los ingresos y gastos de un ejercicio fiscal a otro puede afectar a la obligación tributaria. Por ejemplo, aplazar una bono de fin de año al año siguiente o pagar por adelantado determinados gastos deducibles antes de fin de año puede minimizar la deuda fiscal.
- **Contribuciones benéficas**: Hacer donativos deducibles de impuestos a organizaciones benéficas calificadas puede reducir el ingreso gravable. Los <u>fondos asesorados por donantes</u> (donor-advised funds) pueden ser una forma sencilla, flexible y fiscalmente ventajosa de contribuir a la beneficencia.
- **Estrategias de inversión fiscalmente eficientes:** Las inversiones con tratamiento fiscal preferente, como los bonos municipales, pueden reducir tu carga fiscal total.
- **Estructuras empresariales:** Si trabajas por cuenta propia, elegir la estructura empresarial adecuada (por ejemplo, una empresa de propiedad individual, una sociedad, una LLC o una corporación S o C) puede tener importantes implicaciones fiscales. Consulta con un profesional fiscal o un abogado calificado.

- **Estrategias de retiro fiscalmente eficientes:** Para los jubilados, planificar el momento y las fuentes de los retiros de la jubilación puede ayudar a minimizar los impuestos.

Elegir a los profesionales

Debido a la importancia y complejidad de la planificación fiscal, es probable que necesites ayuda profesional. Para la mayoría, esto significa contratar a un contador público certificado (CPA). Calificaciones y características a tener en cuenta al contratar a uno:

- **Designación de CPA:** El requisito más básico es que el profesional sea Certified Public Accountant, lo que significa que ha aprobado un riguroso examen y cumplido los requisitos específicos de su estado para obtener la licencia. Puedes verificar la condición de CPA en el sitio web CPAverify.
- **Especialización fiscal:** Busca a alguien especializado en planificación y preparación de impuestos. Algunos CPA pueden tener más experiencia en impuestos de empresas, auditoría o contabilidad que en planificación fiscal individual.
- **Formación continua:** Las leyes fiscales cambian constantemente, por lo que es importante encontrar un contador público que dé prioridad a mantenerse al día sobre la legislación fiscal más reciente y pueda asesorarte en consecuencia.
- **Afiliaciones profesionales:** La pertenencia a organismos profesionales como el Instituto Americano de CPA (AICPA) puede indicar un compromiso con el comportamiento ético y la formación continua. Algunos CPA pueden tener también una credencial de Especialista Financiero Personal (PFS), una certificación de planificación financiera otorgada por el AICPA.
- **Capacidad de comunicación:** Dado que las leyes fiscales pueden ser complejas, elige un contador público que se comunique con claridad.
- **Asequibilidad:** Asegúrate de que conoces sus tarifas.

Consejo para más riqueza

Consulta a un contador para asegurarte de que aplicas las mejores estrategias fiscales para tu situación y tus objetivos.

Capítulo 30
Carencias

Los baby boomers trabajaron muy duro durante sus carreras, y sienten que ahora es el momento de disfrutar. Les cuesta decir que no a los viajes, a los regalos a hijos y nietos, y gastan demasiado. Necesitan tener un plan B al que recurrir cuando sus ahorros empiecen a disminuir.

Jessica Weaver, asesora financiera y autora, citada en "6 Ways to Fix a Retirement Savings Shortfall", por Jeff Brown, *US News*

Evitar los errores de ahorro para la jubilación de tus padres es un objetivo crucial para los millennials a la hora de planificar su futuro financiero.

Empezando a ahorrar lo antes posible, suavizando el consumo, contribuyendo a las cuentas de jubilación y creando y respetando un presupuesto, puedes construir una base sólida para una jubilación segura.

Mantener un equilibrio entre mantener a los miembros de la familia, salvaguardar los ahorros para la jubilación e informarte continuamente sobre finanzas te ayudará a tomar decisiones financieras prudentes y a evitar los retos a los que se han enfrentado las generaciones anteriores.

Ponerse al día

Si te encuentras ahorrando la máxima cantidad posible, pero aún necesitas ponerte al día para acumular los fondos que necesitarás para la jubilación, hay varios pasos que puedes dar para mejorar tu situación.

- **Aumenta tu exposición a las acciones.** Puede que tengas que aumentar la asignación de acciones en tu portafolio, lo que aumentará tus rendimientos esperados. La otra cara de la moneda es que la volatilidad de tu portafolio será mayor, al igual que la profundidad de tus pérdidas en un mercado bajista.

- **Reduce los gastos.** Identifica las áreas en las que puedes reducir el gasto discrecional y destina la diferencia al ahorro para la jubilación.
- **Aumenta tus ingresos.** Explora formas de obtener ingresos adicionales mediante una empresa paralela, asumiendo un trabajo extra, negociando un aumento en tu trabajo actual o cambiando de trabajo.
- **Revisa tus objetivos de jubilación.** Evalúa si tus objetivos de jubilación son realistas, dadas tus circunstancias económicas actuales. Puede que tengas que ajustar tus expectativas o plantearte trabajar más tiempo para acumular los fondos necesarios.
- **Reduce la deuda.** Si tienes deudas con intereses elevados (como deudas de tarjetas de crédito), págalas lo antes posible. Eliminar o reducir esta deuda liberará más dinero para los ahorros de jubilación.
- **Reducir el tamaño de tu casa o cámbiate de ciudad.** Considera si es factible reducir el tamaño de tu casa o trasladarte a una zona con un costo de la vida más bajo. Si puedes reducir tus gastos de vivienda, liberarás fondos de ahorro adicionales.
- **Alquila una habitación.** Si las normas de zonificación lo permiten, considera la posibilidad de alquilar una habitación o una sección de tu casa.

Sé creativo

Aunque las formas tradicionales de ponerse al día están probadas y son verdaderas, también hay sugerencias poco convencionales que pueden aumentar tus ahorros a largo plazo.

Múdate a una casa diminuta. Mudarte a una casa diminuta podría reducir drásticamente los costos asociados a los impuestos sobre la propiedad, los servicios públicos, el mantenimiento y las reparaciones. Con menos espacio que llenar, también ahorrarás en bienes materiales. El costo promedio de una casa diminuta oscila entre 30,000 y 60,000 dólares, sin incluir el costo del terreno.

Una casa diminuta requiere un ajuste significativo. Tendrías que sentirte cómodo con un estilo de vida minimalista y estar dispuesto a desprenderte de las posesiones que no quepan en tu reducido espacio.

También puede haber restricciones zonales o normativas comunitarias por las que navegar.

Múdate a un país con un costo de la vida más bajo. Es caro jubilarse en Estados Unidos, que tiene el décimo costo de la vida más alto del mundo.

Según U.S.News, puedes "abrazar un alto nivel de vida" en las siguientes ciudades por tan sólo $1,000 al mes:

- Chiang Rai, Tailandia
- Corozal, Belice
- Cuenca, Ecuador
- Granada, Nicaragua
- Medellín, Colombia
- Tagaytay, Filipinas
- Kyrenia, Norte de Chipre
- Chitré, Panamá

Aunque el atractivo de mejorar tu calidad de vida al tiempo que reduces tus gastos es obvio, hacer este cambio masivo en tu vida tiene serios inconvenientes:

- Estarás lejos de tu familia y amigos.
- Puedes encontrarte con inestabilidad política.
- Tendrás que investigar detenidamente las normas y los costos médicos.
- Hay gastos de transporte, de compra o alquiler de un lugar para vivir y de traslado de tus pertenencias.

- Puedes estar sujeto a impuestos en el país de tu nueva Residencia y en EE. UU..
- Puedes incurrir en gastos elevados al transferir fondos de EE. UU. a tu nuevo país de residencia.
- Puedes tener dificultades para adaptarte a una nueva cultura y lengua.

La clave de una jubilación satisfactoria es planificar con tiempo, prever cualquier déficit y afrontarlo de forma realista y quizá creativa.

Consejo para más riqueza

Cuanto antes identifiques un déficit en tus ahorros para la jubilación, más opciones tendrás para afrontarlo.

Parte Siete
Otro Enfoque en el Riesgo

Reducción de riesgos
con descuento.

Capítulo 31
Riesgos asegurables

La gestión del riesgo para particulares es un elemento crítico de las finanzas del ciclo vital. Reconoce que, a medida que los inversionistas envejecen, la naturaleza fundamental de su patrimonio total evoluciona, al igual que los riesgos a los que se enfrentan.

CFA Institute, *"Risk Management for Individuals"*

Los riesgos a los que nos enfrentamos en la vida pueden ser abrumadores. El primer paso fundamental es reconocerlos y tener un plan para afrontarlos. Muchos de los riesgos de la vida son asegurables; ésta es una forma fundamental de proteger tus objetivos a largo plazo.

Sólo hablaré de los principales tipos de seguro que necesitas.

Ten en cuenta que las compañías de seguros están en el negocio para obtener beneficios. Si has acumulado suficientes activos, considera las ventajas de autoasegurar algunos riesgos y ahorrarte las primas.

Seguro de Gastos Médicos

El seguro de Gastos Médicos cubre los gastos médicos, la hospitalización y otros gastos relacionados con la asistencia sanitaria. Puedes estar cubierto por el plan de tu empresa.

Por qué lo necesitas: El seguro médico es una cobertura fundamental para todos. Dependiendo de los servicios que cubra cualquier plan y de tus requisitos médicos específicos, puede que necesites contratar una cobertura complementaria.

Si vas a contratar tu seguro médico, ten en cuenta el importe del deducible. Una deducible es la cantidad que pagas de tu bolsillo antes de que entre en vigor la cobertura de tu seguro. Los planes con deducibles más altas suelen tener primas mensuales más bajas. Un plan con una deducible elevado puede ser accesible si en general gozas de buena salud y no prevés gastos médicos frecuentes. Un plan con un deducible más bajo puede proporcionarte mayor seguridad económica si tienes necesidades médicas continuas o una familia a la que cubrir.

Seguro de Vida

El seguro de vida paga una cantidad fija o distribuida en pagos determinados a los beneficiarios tras el fallecimiento del titular de la póliza. Consulta el Capítulo 32 para saber más sobre esta cobertura tan incomprendida.

Por qué lo necesitas: El seguro de vida es crucial si tienes personas que dependen de ti, como hijos o un cónyuge que dependen de tus ingresos. Puede cubrir gastos funerarios, pagar deudas y proporcionar apoyo financiero continuo a tu familia.

La cantidad de seguro de vida que necesitas depende de tus deudas, los gastos corrientes, la necesidad de financiar la educación y cuántos años de ingresos quieres reemplazar para tus beneficiarios. Una regla empírica habitual es que necesitas un seguro suficiente para sustituir diez veces tu salario anual.

Seguro de Incapacidad

El seguro de incapacidad ofrece protección de ingresos si no puedes trabajar debido a una lesión o enfermedad incapacitante. Muchas grandes empresas ofrecen cobertura por incapacidad a largo plazo como parte de sus planes de grupo.

Por qué lo necesitas: Tu capacidad de obtener ingresos es uno de tus activos más valiosos. El seguro de invalidez garantiza que sigas percibiendo una parte de tus ingresos aunque no puedas trabajar.

El seguro de invalidez no suele tener deducibles. En cambio, tiene opciones para diferentes periodos de espera antes de que empieces a recibir prestaciones. Un periodo más corto puede suponer primas más elevadas, pero un acceso más rápido a las prestaciones.

Seguro de responsabilidad civil

El seguro de responsabilidad civil te protege de reclamaciones judiciales y gastos si te consideran legalmente responsable de causar lesiones o daños materiales a otras personas. Si eres propietario de una vivienda o tienes bienes importantes, deberías considerar este seguro.

Por qué lo necesitas: Los accidentes pueden dar lugar a costosos pleitos. El seguro de responsabilidad civil salvaguarda tu bienestar económico cubriendo los gastos legales y las posibles indemnizaciones que se concedan a la parte perjudicada.

El seguro de responsabilidad civil personal no suele tener deducibles. Revisa los límites de la póliza para asegurarte una cobertura suficiente en función de tus bienes y tu responsabilidad potencial.

Seguro Cuidado de Largo Plazo

Estas pólizas cubren el costo de los servicios de asistencia a largo plazo, como los cuidados en residencias de ancianos o la asistencia a domicilio, para personas que no pueden realizar las actividades de la vida diaria de forma independiente.

Por qué lo necesitas: Según algunas estimaciones, el 70% de los adultos mayores de 65 años necesitarán cuidados de larga duración en algún momento de su vida. La duración media de la estancia en cuidados de larga duración es de 3.2 años.

Este seguro ayuda a cubrir los importantes gastos asociados a los cuidados de larga duración, garantizando que recibas la ayuda que necesitas sin agotar tus ahorros ni agobiar a tus seres queridos.

Las pólizas de seguro de dependencia pueden ofrecer distintas opciones de deducible o periodos de eliminación. El deducible representa los días que debes pagar de tu bolsillo por los cuidados antes de que empiece la cobertura del seguro. Elegir el deducible adecuado depende de tu situación económica y del tiempo que puedas cubrir los gastos de asistencia de forma independiente. Un periodo de eliminación más prolongado puede reducir tus primas, pero requiere que tengas ahorros suficientes para cubrir la diferencia.

Comprar un seguro directamente

Contratar un seguro directamente a una compañía de seguros, prescindiendo del agente, tiene pros y contras.

Pros:

- **Reducción de Costos:** Puedes ahorrarte las comisiones o los honorarios del agente comprando el seguro directamente a la compañía aseguradora.
- **Comunicación directa:** Tratar directamente con la compañía de seguros te permite obtener información sobre pólizas, cobertura y siniestros directamente de la fuente, lo que puede dar lugar a respuestas y resolución de problemas más rápidas.
- **Elección y personalización:** Puedes comparar compañías de seguros y sus pólizas al comprar directamente. Esto te da más control para encontrar la póliza que mejor se adapte a tus necesidades y presupuesto.
- **Sin conflictos de intereses: Los** agentes o corredores de seguros pueden promover pólizas específicas que les reporten mayores comisiones, aunque no sean las más adecuadas para ti. Al comprar directamente a la compañía, puedes evitar posibles conflictos de intereses.

Contras:

- **Orientación limitada:** Sin un agente o corredor que te ayude, puede que tengas que navegar por las complejidades de las pólizas de seguro de forma independiente. Esto puede ser un reto, sobre todo si no estás familiarizado con la terminología de los seguros o las necesidades específicas de cobertura.

- **Falta de asesoramiento personalizado:** Un agente de seguros puede ofrecerte asesoramiento personalizado basado en tu situación y necesidades particulares.
- **Lleva mucho tiempo:** Investigar y comparar pólizas de varias compañías de seguros puede llevar mucho tiempo.
- **Posible parcialidad:** Aunque los agentes pueden tener conflictos de intereses, también pueden aportar información valiosa sobre la reputación y fiabilidad de las distintas compañías de seguros.
- **Oferta limitada de productos:** Algunas compañías de seguros pueden no ofrecer toda su gama de productos directamente a los consumidores. Podrías perderte opciones de seguros especializados o combinados que sólo están disponibles a través de agentes o corredores.

Valoraciones de la empresa

Sea cual sea el tipo de seguro que contrates, quieres estar seguro de que la compañía de seguros pagará tu siniestro.

Una parte fundamental de tu diligencia debida es la calificación de tu aseguradora. Entre las agencias de calificación independientes más respetadas están AM Best, Moody's, S&P Global y Fitch Ratings. Puedes encontrar el sistema de calificación utilizado por estas agencias, con una explicación de lo que significa cada calificación, en TrustLayer.

En general, si tu aseguradora tiene una calificación de B+ a A++, se considerará segura. Puedes encontrar las calificaciones de una aseguradora en su sitio web o en el de las agencias de calificación.

Las agencias de calificación pueden diferir en su evaluación de la solidez financiera. Considera las calificaciones de dos o más agencias antes de tomar una decisión.

Las calificaciones cambian. Comprueba anualmente las calificaciones de tu compañía de seguros.

Consejo para más riqueza

Una parte fundamental de la planificación DIY es reconocer los riesgos asegurables y contratar un seguro que los mitigue.

Capítulo 32
Un secreto alucinante sobre los seguros de vida

En pocas palabras, el artículo 30.3(a) de la Regulación de Seguros 194 exige que un agente de seguros proporcione en todos los casos una revelación inicial obligatoria a un comprador. El artículo 30.3(b) del Reglamento de seguros 194 exige que se revele el importe de la compensación del agente, pero sólo si el comprador solicita esa información.

Departamento de Servicios Financieros del Estado de Nueva York, Preguntas frecuentes, Regulación de seguros 194

Las leyes varían según el estado, pero en el estado de Nueva York (y en otros estados) tu agente de seguros está obligado a revelar el importe de su compensación si se lo pides.

Pocos consumidores preguntan. Tú deberías ser uno de ellos.

También debes preguntar si pueden descontar sus comisiones. Esa posibilidad es el secreto "alucinante".

El seguro de vida es un tema al que pocos quieren enfrentarse, pero es fundamental en tu proceso de planificación financiera. Si eres joven, puede no parecer relevante o urgente, pero de lo que se trata es de proteger a tus seres queridos en caso de pérdida inesperada.

El seguro de vida es complejo, lo que beneficia a las compañías de seguros y a los agentes. Aunque la mayoría de los agentes son profesionales y éticos, algunos no lo son, lo que da al sector una inmerecida reputación negativa. También es denso y aburrido.

No dejes que eso te impida afrontar la necesidad de un seguro de vida. Si alguien depende de tus ingresos, debes contratar un seguro de vida. Cualquier agente competente puede explicarte qué tipo de seguro de vida se aplica a tu situación. Aquí sólo estoy arañando la superficie.

Seguro de Vida Temporal (Term Life Insurance)

El seguro de vida menos caro que puedes contratar es el seguro temporal. Te proporcionará cobertura durante un periodo determinado, como veinte años. Piensa en el seguro temporal como si alquilaras una casa. No acumulas patrimonio, pero te proporciona cobijo y comodidad.

Puedes contratar una cobertura de seguro temporal por distintos periodos de tiempo fijos y con primas niveladas, renovables anualmente o decrecientes.

Si necesitas cobertura después del plazo fijado, las tarifas de renovación pueden ser inasequibles.

Si no puedes permitirte pagar una prima más alta, contrata un seguro temporal. Sean cuales sean sus limitaciones, tenerlo es mejor que no tener ninguna protección de seguro. Para los inversionistas más jóvenes, el seguro temporal suele ser la mejor opción porque es barato.

Si eres uno de esos raros inversionistas que pueden comprar un seguro a plazo e invertir la diferencia de primas entre un seguro a plazo y un seguro de vida entera, entonces el seguro a plazo es especialmente atractivo (suponiendo que no vayas a necesitar protección de seguro de vida durante toda tu vida).

Seguro de Vida Total (Whole Life Insurance)

A diferencia de las pólizas a plazo, que te protegen durante un periodo finito, el seguro de vida total, comúnmente llamado seguro de vida permanente (PLI), está diseñado para proporcionarte cobertura durante toda tu vida. Pagas primas anuales.

Las pólizas PLI crean valor en efectivo, que es el componente de ahorro. Parte de cada pago de prima se destina a acumular este valor en efectivo con el tiempo. La compañía de seguros invierte o retiene estos fondos, que crecen con impuestos diferidos.

Puedes pedir prestado contra el valor en efectivo o retirarlo, pero hacerlo reducirá el beneficio contratado por fallecimiento (si no se devuelve) y perjudicará el rendimiento de la inversión de la póliza.

Las pólizas PLI son una buena opción para quienes tienen una necesidad permanente de seguro de vida o valoran la ventaja de acumular una cantidad importante de dinero en efectivo a lo largo del tiempo y pueden permitirse una prima más alta.

Existen muchos tipos de PLI, pero te sugiero que empieces centrándote en la vida entera combinada y la vida universal. Es posible que puedas negociar una comisión con descuento en estos dos tipos de pólizas.

- **Seguro de vida total combinado:** Combina el seguro de vida entera tradicional con el seguro de vida temporal. Parte de la prima paga el seguro de vida entera, que tiene un componente de valor en efectivo, mientras que el resto paga el seguro temporal, que es menos caro y no tiene valor en efectivo.
- **Seguro de vida universal:** Un tipo de PLI con primas flexibles, prestaciones por fallecimiento y un elemento de ahorro que crece con impuestos diferidos. Una parte de tu prima se destina al beneficio contratado por fallecimiento, mientras que el resto se invierte en una cuenta de ahorro que puede fluctuar en función de los tipos de interés.

El seguro de vida total combinado puede ser una buena opción si quieres una cobertura permanente con crecimiento del valor en efectivo, a una prima asequible.

El seguro de vida universal puede ser una buena opción para quienes necesitan cobertura de por vida, flexibilidad en el pago de las primas y en el importe de la prestación por fallecimiento.

Cómo compran seguros los ricos

Muchas personas de alto poder adquisitivo no compran seguros a su agente local. Recurren a un pequeño grupo de asesores de seguros basados en honorarios que negocian comisiones y estructuran pólizas que benefician a sus clientes. Estos asesores no reciben comisiones. Se les paga por horas. Su asesoramiento es 100% objetivo. Puedes encontrar asesores por honorarios en el sitio web de Glenn S. Daily, asesor de seguros por honorarios.

Scott Witt, fundador de Witt Actuarial Services, es uno de esos asesores. En el prólogo de *Insider Trading in the Life Insurance Market*, de Chuck Hinners, Witt escribió: "Uno de los pequeños secretos más sucios del sector de los seguros de vida es que existe una alternativa al pago íntegro de comisiones. ¿Por qué no es de dominio público? Porque el sector de los seguros de vida está dominado por los agentes que impulsan los diseños de comisión completa y las empresas que los venden."

Por qué importan las comisiones

Los agentes reciben una comisión del 80%-100% de la prima del primer año para los seguros temporales. Las comisiones del primer año de las pólizas PLI ascienden por término medio al 85% de la prima. Los agentes ganan una comisión adicional en cada aniversario.

Es posible que puedas negociar comisiones en una póliza de vida entera combinada tan bajas como el 15% de las primas y en una póliza de vida universal tan bajas como el 3% de las primas. Pocos agentes están dispuestos a hacerlo, y pocas compañías de seguros se lo permiten, pero no está de más preguntar.

Si recurres a un asesor de seguros por honorarios, a menudo puede conseguirte estos descuentos.

Unas comisiones reducidas pueden significar una póliza que genere valor en efectivo más rápidamente y acumule más valor con el tiempo.

Hay circunstancias en las que obtener un descuento en la comisión de una póliza de vida universal puede hacer que la póliza sea competitiva con el seguro temporal, si tienes en cuenta el valor en efectivo de la póliza de vida universal y la capacidad de financiar la póliza de por vida. Pide a tu agente de seguros o a tu asesor de seguros que te haga ilustraciones.

Un Ejemplo

Incluso con comisiones reducidas, la diferencia de primas entre una póliza temporal y una póliza mixta de vida entera o universal puede seguir siendo un obstáculo para muchos inversionistas DIY.

Un varón de 40 años puede contratar una póliza temporal de 1 millón de dólares a 20 años por unos $600 anuales. La prima de una póliza mixta de vida entera o universal para el mismo asegurado será de unos $16,000 anuales. Es una gran diferencia, pero mira lo que obtienes, suponiendo que puedas negociar la comisión del agente.

La póliza a plazo expirará a los 60 años y tendrá valor cero, a menos que hayas "invertido la diferencia", en cuyo caso podría tener un valor significativo.

A los 67 años, la póliza de vida entera combinada tendría un valor en efectivo proyectado de $792,957 y un valor en efectivo garantizado de $397,216. El valor en la cuenta garantizado de esta póliza seguirá aumentando después de los 67 años mientras se paguen las primas.

A los 67 años, la póliza de vida universal tendría un valor en efectivo proyectado de $791,849 y un valor en efectivo garantizado de $292,959. El valor en efectivo garantizado de esta póliza alcanza su máximo cuando llegas a los 73 años y disminuye cada año siguiente.

El valor efectivo proyectado estima cuánto valdrá la póliza según las hipótesis actuales y las condiciones del mercado. El valor en efectivo garantizado es la cantidad mínima que valdrá la póliza, independientemente de las condiciones del mercado. El valor en efectivo garantizado suele ser inferior al valor en efectivo previsto, pero proporciona una red de seguridad si el mercado no se comporta como se espera.

Consejo para más riqueza

Si necesitas un seguro y buscas la prima más baja, contrata un seguro temporal. Si puedes permitirte una prima más alta, mira si te conviene una póliza de vida total combinada o una póliza de vida universal, pero intenta encontrar un agente que te descuente las comisiones de esas pólizas. Si no necesitas un seguro de vida para toda la vida, y tienes la disciplina de "invertir la diferencia", el seguro a plazo puede ser la elección óptima.

Capítulo 33
Riesgos no asegurables

Riesgo no asegurable: Riesgo que las compañías de seguros no pueden o no quieren asegurar.

Julia Kagan, "Uninsurable Risk: Definition and Examples", *Investopedia*

Los riesgos no asegurables son aquellos que las compañías de seguros no quieren o no pueden cubrir debido a determinadas características inherentes. Algunas de las razones por las que un riesgo puede considerarse no asegurable son las pérdidas con un potencial catastrófico, como las ocasionadas por la guerra o el terrorismo.

Otros riesgos no asgurablesson aquellos en que el asegurado podría verse incentivado a actuar imprudentemente o a asumir riesgos indebidos porque sabe que está asegurado contra las consecuencias (por ejemplo, actividades deportivas extremas, actos delictivos y lesiones autoinfligidas).

A continuación se enumeran riesgos comunes no asegurables que deberían estar en tu radar, con sugerencias sobre cómo afrontarlos.

Riesgo profesional

La rápida progresión de la inteligencia artificial (IA) y la robótica ha convertido el riesgo profesional en una preocupación para muchos estadounidenses. Según algunas estimaciones, la IA podría sustituir 300 millones de puestos de trabajo a tiempo completo, incluida una cuarta parte de las tareas laborales en EE. UU. y Europa.

Planificar el riesgo profesional implica tomar medidas proactivas para mejorar tu empleabilidad, adaptabilidad y estabilidad financiera.

Estrategias que te ayudarán a prepararte para el riesgo profesional:

- **Aprendizaje continuo y desarrollo de habilidades:** Invierte en tu formación y en el desarrollo de tus capacidades. Mantente al día de las tendencias del sector, los avances tecnológicos y las nuevas calificaciones relevantes para tu campo. El aprendizaje continuo puede hacerte más valioso para las empresas y aumentar tus posibilidades de seguir siendo empleable incluso durante las recesiones económicas y la disrupción tecnológica.
- **Trabaja en tu red profesional:** Construye y mantén una sólida red profesional. Asiste a eventos, conferencias y reuniones del sector para ponerte en contacto con colegas, mentores y posibles empleadores. Una red sólida puede ofrecer oportunidades de empleo y un valioso apoyo durante las transiciones profesionales.
- **Desarrollo y crecimiento profesional:** Busca oportunidades de promoción profesional dentro de tu organización actual o explora nuevas funciones que se ajusten a tus objetivos a largo plazo.
- **Proyectos paralelos y trabajo independiente:** Considera la posibilidad de trabajar en proyectos paralelos o como freelancer para diversificar tu fuente de ingresos.
- **Ten un plan de respaldo:** Ten un plan de contingencia por si pierdes tu trabajo. Considera trayectorias profesionales alternativas o sectores en los que tus habilidades y experiencia puedan ser valiosas.

Riesgo de longevidad

Aunque el riesgo de sobrevivir a tus ahorros no es directamente asegurable, puedes gestionarlo planificando una jubilación larga y considerando productos de jubilación que proporcionen ingresos de por vida, como las anualidades (annuities) inmediatas y diferidas.

Si eres un millennial, no tendrás que enfrentarte a la necesidad de adquirir un contrato de anualidades (para hacer frente al riesgo de longevidad) hasta dentro de muchos años, así que puedes saltarte la sección sobre estos contratos. Eso no significa que no puedas empezar a afrontar el riesgo de longevidad ahora ahorrando lo antes posible, invirtiendo de forma inteligente y responsable y aprovechando la capitalización.

Participar en estas actividades te proporcionará una cartera mayor, de modo que podrás mitigar el riesgo de sobrevivir a tu dinero.

Anualidades (annuities)

Podrías plantearte un contrato de anualidades (annuity) inmediata o diferida para una parte (no más de un tercio) de tus gastos mensuales.

Anualidades vitalicias inmediatas (Immediate Annuities): Una anualidad vitalicia inmediata es un contrato de seguro que proporciona pagos de ingresos a la persona que adquiere el contrato que comienzan inmediatamente después del pago inicial. El dueño del contrato hace un pago único a la compañía de seguros o a la entidad financiera que emite contrato de pago vitalicio inmediato.

Tras un breve periodo (normalmente un mes o un año), la compañía de seguros empieza a efectuar pagos regulares al rentista, bien durante un número fijo de años, bien durante el resto de su vida (o de la vida del cónyuge o pareja supérstite), según la opción de pago elegida.

Anualidades vitalicias diferidas (Deferred annuities): Una anualidad vitalicia diferida es un contrato de seguro que proporciona un flujo de pagos de ingresos con un retraso entre las fases de compra y de pago. Se deposita una cantidad en una sola exhibición o a lo largo de primas periódicas durante una fase de acumulación, que puede durar varios años o incluso décadas.

Tras la fase de acumulación, el depositante puede empezar a recibir pagos regulares, ya sea en forma de capital, una serie de pagos a lo largo del tiempo o como un flujo de ingresos de por vida.

Las anualidades vitalicias diferidas pueden clasificarse a su vez en fijas, variables o indexadas, dependiendo de cómo se inviertan los fondos y del nivel de riesgo que conlleven.

- Si eres un inversionista conservador que busca un tipo de interés garantizado, deberías considerar una anualidad vitalicia fija. Sabrás exactamente cuánto recibirás cuando empiecen a fluir los pagos.
- Con una renta vitalicia variable, tu pago variará en función del rendimiento de las opciones de inversión que elijas.
- Con una renta vitalicia indexada, tus rendimientos se basan en los rendimientos de un índice de mercado vinculado (como el índice S&P 500). Recibes un nivel de protección frente a los rendimientos negativos de este índice y, en algunos casos, un nivel garantizado de ingresos vitalicios. Según la FINRA, "las rentas vitalicias indexadas son instrumentos financieros complejos, y los expertos en jubilación advierten de que dichos contratos incluyen una serie de características que pueden dar lugar a rendimientos inferiores a los que un inversionista podría esperar."

Las anualidades vitalicias diferidas suelen tener capas de comisiones que no son fáciles de descubrir. Cuando decidas si comprar o no una, tienes que hacer un análisis en profundidad de esas comisiones y compararlas con otras inversiones.

Los rendimientos más bajos a los que hace referencia FINRA sobre las rentas vitalicias indexadas se deben a las elevadas comisiones. También debes tener en cuenta que las ganancias retiradas de las anualidades indexadas fijas (financiadas con dinero después de impuestos) generan impuestos como ingresos ordinarios y no como ganancias de capital.

Algunos proveedores de rentas vitalicias bien considerados, cada uno de los cuales está calificado como A++ por AM Best, son:

- Massachusetts Mutual Life Insurance Company
- USAA Life Insurance Company
- New York Life Insurance Company
- TIAA-CREF Life Insurance Company

Riesgo de divorcio

Considera la posibilidad de firmar un acuerdo prenupcial antes de casarte. Un "acuerdo prenupcial" es un contrato legalmente vinculante que describe cómo se dividirán los bienes, las deudas y otros asuntos económicos en caso de divorcio. Puede aportar claridad y minimizar los conflictos en caso de divorcio.

Plantear el tema de un acuerdo prenupcial puede resultar incómodo, pero a menudo es lo mejor para ambas partes. Un tema aún más delicado es el acuerdo postnupcial.

Un acuerdo postnupcial es un contrato jurídicamente vinculante que una pareja celebra después de casarse. Un acuerdo postnupcial describe cómo se dividirán los bienes, deudas y otros asuntos económicos de la pareja en caso de divorcio o separación.

Al igual que con un acuerdo prenupcial, es probable que a las partes les resulte menos estresante acordar mutuamente los términos del acuerdo que esperar a que el matrimonio implosione.

Los acuerdos prenupciales y posnupciales están sujetos a las leyes estatales, que pueden variar. Cada una de las partes del acuerdo debe contratar a un abogado competente en derecho de familia para asegurarse de que el acuerdo cumple los requisitos legales vigentes en su jurisdicción y sirve para el fin que persigue.

Consejo para más riqueza

Que un riesgo no sea asegurable no significa que no debas planificarlo. Pensar con antelación protege tu patrimonio y te ayuda a alcanzar tus objetivos.

Parte Ocho
Asegurar el Techo Donde Vives

No creas lo que "ellos"
te digan.

Capítulo 34
¿Compra o alquiler?

El pago mensual de una hipoteca suele considerarse una cuenta de ahorro forzoso que ayuda a los propietarios a construir un patrimonio neto unas 40 veces superior al de un inquilino.

Lawrence Yun, Economista Jefe de la Asociación Nacional de Agentes Inmobiliarios

Una de las decisiones financieras más emocionantes que toman los jóvenes es comprar una casa. Desde un punto de vista estrictamente financiero, hay pros y contras tanto en la compra como en el alquiler, pero incluso más que otras elecciones financieras, esta decisión debe alinearse con tus valores y estilo de vida.

Como ocurre con tantas cuestiones financieras, hay poderosos intereses creados que tienen mucho que ver con el mercado de la vivienda. Gran parte de la información a la que estás expuesto no es objetiva.

Según Open Secrets, el sector inmobiliario gastó más de 135 millones de dólares en grupos de presión en 2022, utilizando a 624 grupos de presión. Su agenda consiste en proteger los intereses de sus miembros, lo que significa fomentar la propiedad de viviendas y el uso de agentes inmobiliarios para comprar y vender propiedades.

La industria de las inversiones tampoco se queda atrás en el departamento de grupos de presión (véase el Capítulo 11). Su interés es aumentar los activos gestionados, porque esa suele ser la base para calcular las comisiones de sus miembros (véase el Capítulo 39).

Cuando compras una vivienda, ese dinero no está disponible para invertir.

Estos conflictos de intereses pueden afectar a la objetividad del asesoramiento relacionado con la propiedad de la vivienda.

Ventajas e inconvenientes de ser propietario de una vivienda

Pros:

- **Patrimonio neto:** Ser propietario de una vivienda te permite acumular patrimonio con el tiempo, a medida que vas pagando la hipoteca. El patrimonio neto puede utilizarse para futuros esfuerzos financieros o como inversión.
- **Estabilidad y control: La** propiedad de una vivienda proporciona estabilidad y control sobre tu espacio vital. Puedes hacer modificaciones, decorar y gestionar la propiedad según tus preferencias sin preocuparte de las restricciones de un casero.
- **Potencial de apreciación:** Históricamente, los bienes inmuebles tienden a apreciarse con el tiempo, lo que significa que el valor de tu casa podría aumentar.
- **Ventajas fiscales:** Puedes beneficiarte de deducciones fiscales en los pagos de intereses hipotecarios e impuestos sobre la propiedad, reduciendo tu carga fiscal total.
- **Sentimiento de pertenencia:** Ser propietario de una vivienda suele fomentar un mayor sentido de pertenencia y de comunidad al echar raíces en un barrio concreto.

Contras:

- **Compromiso financiero:** La compra de una vivienda suele requerir un importante compromiso financiero, que incluye el pago inicial, los gastos de cierre y los pagos continuos de la hipoteca.
- **Mantenimiento y reparaciones:** Eres responsable del mantenimiento de tu vivienda y de cubrir los gastos de reparación.
- **Flexibilidad limitada:** Ser propietario de una vivienda puede

limitar tu flexibilidad para mudarte rápidamente si necesitas trasladarte por motivos laborales o personales.

- **Fluctuaciones del valor de la propiedad:** Aunque el valor de la propiedad puede apreciarse, también puede disminuir.
- **Mayores costos iniciales:** El alquiler suele conllevar unos costos iniciales más bajos que la compra de una vivienda.
- **Impuestos sobre la propiedad y seguro:** Los impuestos sobre la propiedad y el seguro del propietario pueden añadirse a los gastos corrientes de la propiedad de una vivienda y pueden aumentar con el tiempo.

Hay otros factores a tener en cuenta:

1. **Predecir los precios futuros de los bienes inmuebles es imposible porque hay demasiadas variables que influyen en esos precios, como las tendencias históricas, la inflación, la dinámica de la oferta y la demanda, los tipos de interés, las tendencias recientes del mercado, las políticas gubernamentales y las tendencias del mercado de alquiler. Los mercados inmobiliarios también pueden variar significativamente según la ubicación.**

2. **Los asesores de inversión suelen afirmar que poseer una vivienda es una "inversión terrible" porque agota recursos que podrían invertirse en una cartera diversificada de acciones y bonos, que daría mayores rendimientos esperados a lo largo del tiempo. El problema para muchos es que no invierten la diferencia, sino que la gastan. Además, comparar simplemente los rendimientos de las inversiones no tiene en cuenta el hecho de que obtienes un beneficio por vivir en una casa de tu propiedad. No obtienes ninguna utilidad adicional por poseer un fondo índice S&P 500.**

Cuándo tiene sentido rentar

Decidir entre comprar o alquilar una vivienda resulta especialmente difícil cuando resides en una zona con precios inmobiliarios elevados. El alquiler suele ser una opción mejor a medida que aumenta la relación entre el precio de compra de la vivienda y el alquiler anual.

Para calcular este cociente, sigue estos pasos:

1. **Multiplica tu alquiler mensual por 12 para obtener el costo del alquiler anual.**
2. **Divide el precio de compra de la vivienda por el costo anual del alquiler para obtener la relación entre el precio de compra y la renta anual.**

Algunos expertos creen que el alquiler es la opción preferible cuando la relación entre el precio de compra y el alquiler anual es superior a 20. Fidelity tiene una útil calculadora de "alquiler frente a compra" en su sitio web.

Muchos expertos también están de acuerdo en que deberías alquilar a menos que pienses quedarte en una casa al menos dos años y quizá más.

Por qué deberías comprar

Hay varios estudios que indican que los propietarios de viviendas son más estables económicamente que los inquilinos, pero no está claro si la compra de una vivienda hace que los propietarios sean más estables económicamente, o que las personas más estables económicamente puedan permitirse comprar viviendas.

Una Encuesta sobre Finanzas de los Consumidores de la Reserva Federal descubrió que el patrimonio neto medio de los propietarios de viviendas en EE. UU. en 2019 era de $255,000, frente a sólo $6.300 de los inquilinos.

Otro estudio del Joint Center for Housing Studies de la Universidad de Harvard descubrió que la propiedad de la vivienda se ha asociado sistemáticamente a una acumulación de riqueza más significativa entre las familias con menores ingresos y las minorías.

Hipotecas

Si decides comprar, la siguiente decisión crítica es elegir entre una hipoteca de tipo variable (ARM) y una hipoteca de tipo fijo (FRM).

Los ARM ofrecen a los compradores un tipo de interés que puede fluctuar con el tiempo. Normalmente, los ARM tienen un periodo introductorio de tipo fijo, seguido de ajustes periódicos basados en un <u>índice</u> (que suele estar vinculado a los rendimientos de los valores del Departamento del Tesoro de EEUU).

El tipo de interés de una hipoteca ARM es más bajo que el de una hipoteca comparable de tipo fijo durante el periodo inicial (normalmente tres, cinco, siete o diez años).

Los FRM son préstamos sencillos con un tipo de interés constante durante todo el plazo del préstamo, normalmente 15, 20 ó 30 años.

Según algunas <u>estimaciones</u>, aproximadamente el 80% de las hipotecas en EE.UU. son FRM, <u>a menudo</u> con un vencimiento fijo a 30 años, pero las ARM son cada vez más populares.

Estados Unidos es el <u>único país del</u> mundo donde las hipotecas a tipo fijo dominan el mercado.

Debes saber que:

1. **Durante el periodo introductorio, el tipo de interés de las hipotecas ARM es más bajo que el de una hipoteca comparable de tipo fijo.**
2. **Los ARM tienen topes que limitan la cantidad que puede aumentar el tipo de interés en cada periodo de ajuste (el tiempo que puede reajustarse el tipo de interés). También hay un límite al aumento total de los intereses durante la vida del préstamo. Un límite típico para el periodo de ajuste es del 2%. Un tope típico para toda la vida es del 5% al 6% por encima del tipo de interés inicial.**

Los economistas <u>creen</u> que la elección de la hipoteca es compleja porque implica "incertidumbre en la inflación y los tipos de interés, restricciones de endeudamiento, activos ilíquidos, riesgo no asegurable en las ingresos del empleo y la necesidad de planificar a largo plazo".

Destilar estas cuestiones para ayudar a los propietarios a tomar la decisión adecuada a sus circunstancias particulares es todo un reto. Algunas ideas a tener en cuenta:

- Hay acuerdo general en que un ARM funciona bien para alguien que planea mudarse o refinanciar antes de que termine el periodo de ajuste inicial.
- Si vas a pedir una hipoteca grande, el tipo de interés inicial más bajo de una hipoteca ARM podría ahorrarte mucho dinero.
- Algunos economistas abogan por los ARM cuando el costo mensual es relativamente bajo en comparación con tus ingresos y tienes unos ingresos estables y una menor aversión al riesgo.
- Hay estudios que indican que las hipotecas ARM "suelen tener en promedio tasas de interés más bajas que las de tipo fijo".
- Según el Urban Institute, la preocupación por el riesgo que plantean los ARM es exagerada. Su investigación concluyó que los ARM "...no son más arriesgados que otros productos hipotecarios y que sus pagos mensuales más bajos podrían aumentar el acceso a la propiedad de la vivienda para más compradores potenciales."

Consejo más rico

En la mayoría de las zonas de EE. UU., probablemente acabarás siendo más rico si eres propietario de una vivienda. A la hora de financiar una vivienda, no pases por alto las ventajas potenciales de una hipoteca de tipo variable.

Capítulo 35
¿Pagar por adelantado o no pagar por adelantado?

La decisión de amortizar anticipadamente la hipoteca depende principalmente de si el costo de oportunidad es mayor o menor que el costo de la hipoteca.

Michael R. Roberts, catedrático de Finanzas de la Wharton School de la Universidad de Pensilvania, "Should I Pay Off My Mortgage Early in This Economy?"

Decidir si debes pagar tu hipoteca de manera anticipadacomo parte de tu planificación previa a la jubilación puede ser una cuestión tanto emocional como económica.

Es reconfortante no tener deudas. Asegurarte un techo para ti y los tuyos puede reducir la ansiedad y permitirte gastar el pago de la hipoteca anterior en actividades que te gusten, o invertirlo con potencial de crecimiento.

Financieramente, hay cuestiones que debes considerar antes de tomar esta decisión crítica.

Los conflictos de intereses pueden dar lugar a información que refleje el interés económico de banqueros, agentes inmobiliarios y la industria de valores.

Cuando te plantees si cancelar anticipadamente tu hipoteca, céntrate en estas cuestiones:

- **Prioriza las deudas:** No tiene mucho sentido pagar una hipoteca con un interés relativamente bajo mientras se tienen deudas con un interés alto (como la deuda de la tarjeta de crédito). Da prioridad al pago de las deudas con intereses altos.
- **Aumentar las cuentas de jubilación:** En lugar de pagar la hipoteca, determina si sería más ventajoso aumentar las aportaciones a tus planes de jubilación (planes 401[k], cuentas IRA tradicionales y Roth, u otras cuentas de jubilación).
- **Refinanciación:** Comprueba si es posible refinanciar tu hipoteca con un tipo de interés más bajo y quizá un plazo más corto. También podrías acelerar los pagos del principal (si no hay penalización por pago anticipado) y liquidar la hipoteca más rápidamente.

Esto es lo que debes saber cuando te lances a tomar esta decisión.

Gastos más bajos

Pagar tu hipoteca reduce tus gastos. Unos gastos fijos más bajos significan que quizá no tengas que echar mano tanto de tu portafolio para financiar tus gastos en la jubilación. Esto puede ser especialmente beneficioso en un mercado a la baja, en el que de otro modo tendrías que vender acciones con pérdidas para hacer frente a tus gastos mensuales.

Liquidez

La liquidez es la cantidad de dinero que tienes fácilmente disponible para invertir y gastar. Ejemplos de activos líquidos son el dinero en efectivo, las cuentas del mercado monetario y las Letras del Tesoro. Si cancelas la hipoteca antes de tiempo, estarás reduciendo la liquidez en la cantidad necesaria para eliminar la hipoteca.

Determinar la cantidad de activos líquidos que necesitas en la jubilación es esencial para decidir si pagas la hipoteca con anticipación. El cálculo debe ser conservador porque muchos acontecimientos son difíciles de predecir, como una crisis sanitaria, la pérdida del empleo o la muerte del cónyuge.

Si el pago de la hipoteca merma tu capacidad para afrontar estas situaciones, deberías reconsiderar tu decisión.

La liquidez puede no ser un problema si tienes una cuenta de jubilación importante u otros activos líquidos, como bonos que pagan pocos intereses. Utilizar parte de esos fondos para pagar o eliminar tu hipoteca podría tener sentido.

Invertir

Cuando pagas una hipoteca, esos fondos ya no están disponibles para invertir.

Dependiendo del interés que estés pagando por tu hipoteca y de los rendimientos esperados de tus inversiones, puedes obtener ganancias superiores invirtiendo los fondos que habrías utilizado para eliminar la deuda hipotecaria.

Pero hay una razón por la que los rendimientos se califican refiriéndose a ellos como "esperados". El mercado bursátil no siempre se comporta según lo previsto. Cualquier número de factores -como los cambios geopolíticos y de política interior- pueden influir positiva o negativamente en tus rendimientos.

Otra cuestión es la disciplina. ¿Realmente invertirás el pago de tu hipoteca anterior, o te lo gastarás?

Impuestos

Al decidir si pagas la hipoteca con anticipación, ten en cuenta también el impacto de los impuestos.

Calcula el costo neto de mantener tu hipoteca, lo que implica tener en cuenta tu tasa fiscal y si detallas tus deducciones.

Al proyectar el rendimiento de tus inversiones, debes tener en cuenta el impacto de los impuestos sobre las ganancias a corto y largo plazo.

Elige tú mismo

La decisión de pagar o no una hipoteca es complicada, con opiniones muy divergentes. Los partidarios de una vida sin deudas se oponen a todo tipo de deuda, incluida la hipoteca. Otros abogan por mantener una hipoteca grande el mayor tiempo posible.

Si tienes miedo al mercado de valores, la idea de invertir los fondos que utilizarías para pagar la hipoteca no te atraerá. Aun así, deberías hacer números, sobre todo si tienes fondos en una cuenta sujeta a impuestos, porque los rendimientos históricos de la inversión en bolsa pueden superar tu ansiedad.

¿Y el valor de la tranquilidad de vivir en una casa sin hipoteca?

A Michael R. Roberts, catedrático de Finanzas de la Wharton School de la Universidad de Pensilvania, no le impresiona este beneficio. "Si vamos a reconocer el beneficio psicológico -sea cual sea- de amortizar anticipadamente una hipoteca, también tenemos que reconocer el costo financiero: reducción de los beneficios de las inversiones, pérdida de liquidez y aumento del riesgo."

Aunque no hay una respuesta correcta o incorrecta, quizá te consuele este comentario de Kiplinger: "Todavía no he encontrado a nadie que se arrepienta de no tener una hipoteca en la jubilación".

Consejo para más riqueza

Cancelar anticipadamente la hipoteca es una decisión compleja con importantes ramificaciones financieras que merece una cuidadosa deliberación.

Parte Nueve
Vence
a tu cerebro

Vence a las fuerzas
alineadas contra ti.

Capítulo 36
Fuerza de voluntad

Sin un plan sucesorio completo, tus bienes se distribuirán según las leyes de sucesión intestada de tu estado. Esto puede dar lugar a una distribución desfavorable de tus bienes, con beneficiarios no deseados que recibirán partes que tú mismo no habrías elegido.

Bufete de Abogados *del Patrimonio*, "What Are The Potential Consequences of Not Having An Estate Plan?"

Para los planificadores financieros DIY, la planificación patrimonial es la tarea más sencilla, pero encontrar la fuerza de voluntad para dar el primer paso puede ser difícil.

Según algunas estimaciones, el 68% de los estadounidenses no tienen ningún documento de planificación patrimonial. El 25% muere sin testamento. Casi el 40% dice que no se molestará en planificar su patrimonio hasta que su vida esté en peligro.

Al igual que el seguro de vida, la planificación del patrimonio es una forma de proteger y cuidar a tus seres queridos, pero es difícil enfrentarse a la realidad, sobre todo cuando eres joven y te parece lejana.

Si eres hombre y tu pareja es mujer, es probable que te sobreviva. Aproximadamente el 75% de las mujeres enviudarán. Esto no es sorprendente porque las mujeres suelen vivir más que los hombres y a menudo se casan con hombres mayores. La edad promedio de las viudas es de sólo 59 años.

Hay pruebas de que la incapacidad para afrontar nuestra mortalidad tiene una base en la neurociencia.

El investigador Yair Dor-Ziderman de la Universidad Bar Ilan de Israel, junto con sus colegas, realizó un estudio sobre este tema y descubrió: "El cerebro no acepta que la muerte esté relacionada con nosotros. Tenemos este mecanismo primario que significa que cuando el cerebro recibe información que nos relaciona con la muerte, algo nos dice que no es fiable, por lo que no debemos creerla."

Mi consejo: Créetelo y elabora un plan.

- **Planifica pronto.** Aunque tus probabilidades de morir prematuramente entre los 35 y los 44 años son pequeñas, no son inexistentes. En 2020, la tasa de mortalidad en este grupo de edad por cada 100,000 habitantes fue de 325.5 para los hombres y de 170.7 para las mujeres. Por eso debes hacer testamento aunque seas joven y no tengas un patrimonio importante.
- **Actualiza tu plan en las distintas etapas de tu vida.** Los acontecimientos desencadenantes incluyen el matrimonio y las parejas de hecho, tener hijos, la acumulación de bienes y la planificación de la jubilación.

La parte fácil

La planificación patrimonial para planificadores financieros DIY no podría ser más fácil.

Empieza por completar (o actualizar) las designaciones de beneficiarios de tus cuentas de jubilación y pólizas de seguro.

Cada estado tiene una lista de formalidades que deben observarse para que los documentos de planificación patrimonial tengan efecto legal. Por eso debes contratar a un abogado de fideicomisos y sucesiones calificado en tu estado de residencia.

Algunos estados certifican a abogados en distintas especialidades. Si vives en uno de esos estados, entrevista a abogados acreditados en testamentos, fideicomisos y sucesiones.

Otro buen recurso es el sitio web del American College of Trust and Estate Counsel, una organización nacional de más de 2,400 abogados y profesores de derecho elegidos por sus colegas para ser miembros.

Si recurrir a un abogado en tu estado de residencia se sale de tu presupuesto, existen recursos en Internet que prepararán un testamento por ti. Antes de utilizar estos servicios, debes ser consciente de sus limitaciones:

- Los testamentos que generan pueden no ser válidos en tu estado de residencia.
- No son adecuados si tienes problemas familiares o de planificación patrimonial complejos.
- Puede que no tengan capacidad para crear fideicomisos.
- Puede que no tengan apoyo de un abogado para responder a las preguntas.

La parte difícil

Encontrar la "fuerza de voluntad" para iniciar el proceso y actualizarlo periódicamente puede ser difícil.

Quizá te resulte más fácil ahora que comprendes cómo tu cerebro se resiste a enfrentarse a la realidad de tu muerte inevitable.

Consejo para más riqueza

Supera la resistencia de tu cerebro a enfrentarse a tu mortalidad poniendo en marcha un plan de sucesión para mantener a tus seres queridos.

Capítulo 37
No seas un extraño

No creo que tengas que hacerlo semanal o mensualmente, pero a medida que la vida cambie y tus objetivos empiecen a cambiar y evolucionar, puedes reevaluar tu situación y ver si lo que estás haciendo sigue teniendo sentido.

Jordan Patrick, CFP, "Soy I'm a Financial Advisor: Here's How Often You Should Review Your Financial Plan", *GoBankingRates*

Un plan financiero es como utilizar el GPS para llegar a un destino. Confías en que el GPS se actualiza constantemente para tener en cuenta las desviaciones y otros cambios.

Tu plan financiero no es estático. Tiene que cambiar cuando cambian tus objetivos o tu situación financiera personal. También tiene que adaptarse a las condiciones económicas y del mercado.

Como mínimo, debes revisar tu plan financiero anualmente para asegurarte de que sigue estando alineado con tu situación actual. Si tu situación financiera cambia rápidamente, puede que necesites revisarlo con más frecuencia.

Agenda de revisiones anuales

Una revisión anual de tu plan financiero debe incluir cualquier cambio en tu situación, la cartera de inversiones, la planificación fiscal, la planificación patrimonial, la planificación de la jubilación y la cobertura de seguros (sobre todo de vida e invalidez).

Aquí tienes algunos desencadenantes de una actualización.

- **Acontecimientos que cambian la vida:** La vida rara vez es como la imaginamos. Está llena de acontecimientos que cambian la vida, positivos (ingresos inesperadas, promoción profesional, nuevas relaciones) y negativos (divorcio, enfermedad, pérdida de un ser querido). Algunos de estos acontecimientos pueden alterar significativamente tu situación económica.
- **Factores económicos:** Los cambios en las tasas de interés, las fluctuaciones del mercado bursátil, los cambios en las tasas de inflación, los cambios en las leyes fiscales y los cambios inesperados en el mercado laboral podrían provocar una revisión.

Supera la Procrastinación

Revisar tu plan financiero debería ocupar un lugar destacado en tu lista de tareas pendientes, pero los quehaceres, como ir al dentista, presupuestar y hacer las tareas domésticas, nos hacen procrastinar.

Según Joseph Ferrari, autor y experto en procrastinación, alrededor del 20% de los adultos son procrastinadores crónicos. Para poner esta cifra en contexto, señala: "Es más alta que la depresión, más alta que la fobia, más alta que los ataques de pánico y el alcoholismo".

Otras investigaciones sugieren que el 95% de nosotros procrastinamos en algún grado.

Si lo dejas para más tarde y no actualizas tu plan financiero con regularidad, puede que no alcances tus objetivos a corto o largo plazo.

La procrastinación también puede tener consecuencias negativas para la salud debido a un mayor estrés y a una menor atención al bienestar.

Para dejar de procrastinar, ayuda conocer la causa de tu indecisión.

La procrastinación puede tener su origen en el miedo a realizar mal la tarea, en ser desorganizado o incluso en padecer un trastorno por déficit de atención.

Una causa común de la procrastinación es el perfeccionismo. Los perfeccionistas temen fracasar, cometer errores o la desaprobación.

Otra causa de la procrastinación es la falta de organización provocada por la creencia errónea de que no necesitamos hacer la tarea que tenemos entre manos porque tenemos una <u>memoria superior</u> y no necesitamos recordar acontecimientos importantes.

Aquí tienes algunos consejos que te ayudarán a superar tu tendencia a procrastinar.

- **Reformula el cambio como algo positivo y necesario.** Dite a ti mismo que actualizar tu plan financiero es la forma responsable e inteligente de alcanzar tus objetivos, lo cual es importante para ti y para los tuyos.
- **Divide tu revisión de la planificación financiera en pequeños pasos.** Si te va a llevar dos horas, reserva treinta minutos diarios durante cuatro días en lugar de abordarla de una sola vez.
- **Evita las distracciones.** Utiliza un espacio tranquilo para tu revisión. No interrumpas tu trabajo participando en redes sociales o respondiendo a correos electrónicos.
- **He aquí un truco de productividad:** Utiliza dos teléfonos móviles. Tu "teléfono cocaína" es donde pondrás las aplicaciones y la información adictivas y que consumen mucho tiempo. Tu "teléfono kale" es para las aplicaciones y la información esenciales. Cuando no quieras distraerte, lleva contigo sólo tu "teléfono kale".
- *Utiliza la tecnología.* Hay <u>aplicaciones</u> que pueden ayudarte a dividir las tareas más grandes en pasos más pequeños y manejables, y recordarte cuándo debes empezar cada una. Si te distraes con las redes sociales u otras distracciones online, los programas de software pueden bloquear estos sitios durante determinadas horas del día.
- *Utiliza* **aplicaciones para fijar objetivos.** Estas aplicaciones pueden ayudarte a establecer objetivos alcanzables y a seguir tu progreso hacia su consecución.
- *Utiliza* **aplicaciones de mindfulness.** Pueden ayudarte a reducir el estrés y la ansiedad y a centrarte en el momento presente.

Consejo para más riqueza

Comprométete a actualizar regularmente tu plan financiero comprendiendo y abordando las razones por las que lo dejas para más tarde.

Capítulo 38
Barreras cerebrales

Los estudios de resonancia magnética sugieren que cuando imaginas a tu yo futuro, tu cerebro hace algo extraño: deja de actuar como si estuvieras pensando en ti mismo. En su lugar, empieza a actuar como si estuvieras pensando en una persona completamente distinta.

Jane McGonigal, "Our Puny Human Brains Are Terrible at Thinking About the Future", *Slate*

A estas alturas, ya sabes lo que tienes que hacer para hacer tu propia planificación financiera. Aun así, puede que necesites ayuda para poner en práctica estas recomendaciones.

¿Por qué?

No se nos da bien planificar, pero no es enteramente culpa nuestra. Nuestro cerebro está programado para no preocuparse de nuestro futuro.

Descuento temporal

¿Qué le ocurre a nuestro cerebro cuando contemplamos la planificación de la jubilación?

El cerebro participa en lo que se conoce como "descuento temporal", que nos hace dar más valor a las recompensas inmediatas que a las futuras. El descuento temporal influye en nuestras decisiones diarias, pero a menudo no nos damos cuenta de que nuestro cerebro está programado para trabajar en contra de nuestros mejores intereses.

¿Te recuerdan estos ejemplos de descuento temporal a tu comportamiento?

- Come ahora una comida rica en calorías en lugar de seguir una dieta sana para obtener beneficios para la salud a largo plazo.
- Opta por una pequeña recompensa inmediata en lugar de esperar a un pago mayor en el futuro.
- Decides saltarte el ejercicio hoy a pesar de conocer los beneficios a largo plazo de la actividad física regular.
- Pide un préstamo o paga a crédito en lugar de ahorrar para una compra.
- Elige procrastinar las tareas importantes en lugar de trabajar en ellas y obtener los beneficios más tarde.

Protege tu jubilación: de ti mismo

Hal Hershfield, investigador de la UCLA, afirma: "Cuando las personas piensan en sí mismas en el futuro, les parece que están viendo a una persona totalmente distinta... como a un extraño en la calle".

Para superar el descuento temporal:

- **Haz que la jubilación parezca más cercana.** Visualiza tu vida de jubilado. Escribir tu "historia de jubilación" puede hacer que se sienta más natural y próxima.
- **Divide la planificación en objetivos más pequeños.** En lugar de ahorrar para un objetivo lejano, fija objetivos a más corto plazo, como llegar al máximo de tu 401(k) este año. Alcanzar objetivos más pequeños te mantiene motivado.
- **Automatiza los ahorros y las inversiones.** Establece transferencias automáticas de tu nómina a cuentas de jubilación.
- **Utiliza herramientas de decisión.** Algunas empresas proporcionan calculadoras que ilustran tus ingresos estimados para la jubilación en función de cuánto ahorras actualmente.
- **Céntrate en el propósito y el legado.** Pensar en lo que quieres conseguir y en el legado que quieres dejar puede hacer que la jubilación tenga más sentido y merezca la pena sacrificarse por el presente.

- **Busca la rendición de cuentas.** Cuenta a otras personas tus objetivos de jubilación y pídeles que te ayuden a cumplir tu plan de ahorro. Un <u>estudio</u> descubrió que las personas tenían un 95% de probabilidades de completar un objetivo si tenían "una cita específica de rendición de cuentas" con alguien que supervisara sus progresos.

Consejo para más riqueza

Reconoce el descuento temporal como un obstáculo para planificar tu futuro y comprométete a ahorrar dinero para tu futuro yo.

Parte Diez

¿Necesitas ayuda?

El asesor adecuado,
al precio adecuado,
añade valor.

Capítulo 39
Entendiendo los Costos

La industria capitaliza brillantemente la combinación de escasa comprensión de los costos, profunda lealtad y confianza equivocada.

Larry Bates, autor de *Beat the Bank*

El asesor adecuado, con los honorarios adecuados, para el cliente adecuado, sin duda añade valor a tu planificación financiera para tus objetivos a largo plazo, añadiendo experiencia y sabiduría que pueden reforzar tu confianza y tu éxito.

Averiguar esos tres "adecuados" es el reto.

Asesores de Inversión Registrados (RIA) vs Corredores de Bolsa

Para empezar, es importante distinguir entre RIA y corredores de bolsa.

Los RIA están sujetos a un "estándar fiduciario". Deben anteponer los intereses de sus clientes a los suyos propios y actuar con la "máxima buena fe".

Los corredores-agentes están obligados a recomendar a sus clientes productos financieros que estén en el "mejor interés" de sus clientes y a identificar cualquier posible conflicto de intereses relacionado con la venta de esos productos.

El deber exacto que los corredores de bolsa tienen para con sus clientes no es un modelo de claridad. El reglamento que establece esta norma tiene 770 páginas. Sin embargo, existe un amplio consenso en que no es equivalente al deber fiduciario al que están sujetos los RIA.

Si quieres estar seguro de que tu asesor se atiene a una verdadera norma fiduciaria, limita tus opciones a los RIA.

Entendiendo los Costos

Antes de que puedas tomar una decisión inteligente sobre si contratar los servicios de un asesor financiero, tienes que comprender los costos en que incurrirás.

La forma en que se presentan los costos puede dificultar la comprensión de cuánto vas a pagar y cómo repercuten esos costos en tus rendimientos.

La confusión es tal que muchos clientes de los corredores de bolsa creen que no pagan nada por sus servicios.

Tu asesor siempre va a generar ingresos para sí mismo (o misma), como debe ser. Lo que es vital es que entiendas cómo se les paga y que el importe de sus honorarios no obstaculice tu éxito.

Las estructuras habituales de las costos incluyen:

Comisiones

Los asesores financieros que cobran comisiones (un modelo de ingresos habitual de los corredores de bolsa) ganan dinero cada vez que compran o venden un producto financiero en nombre de un cliente. La comisión suele ser un porcentaje de la cantidad invertida en un producto financiero concreto, como fondos de inversión, acciones o productos de seguros.

Las comisiones pueden denominarse carga inicial, que se cobra cuando compras inicialmente una inversión, o carga final, que se cobra cuando vendes.

Puede que no veas un cargo directo en tus cuentas. Los corredores suelen integrar las comisiones en el rendimiento general del portafolio, lo que las hace menos perceptibles. La falta de visibilidad y transparencia contribuye a la idea errónea de que el corredor es "gratuito" para los clientes.

La jerga financiera y las tácticas de marketing también pueden contribuir a la creencia de que los servicios de asesoramiento que cobran los corredores son gratuitos. Términos como "sin costo inicial", "sin gastos para usted" o "el proveedor del producto nos paga" pueden inducirte a pensar erróneamente que no se cobra por sus servicios.

No te lo creas. Pide que te muestren una lista de costos en la que figuren todas las tarifas que te cobrarán.

Asesores por honorarios

Los asesores financieros que sólo cobran honorarios (normalmente los RIA) cobran una tarifa fija por sus servicios. Puede ser un porcentaje de los activos gestionados (AUM), una tarifa por hora o una tarifa fija por un servicio concreto.

Activos gestionados (assets under management, AUM): El costo más habitual es un porcentaje de los activos gestionados, normalmente entre el 0.25% y el 1.5% del total de activos que el asesor gestiona para ti. Sin embargo, cada vez son más populares los honorarios por hora o por anticipado.

El argumento más directo a favor de los cobros por activos gestionados (AUM) es que los intereses del asesor financiero se alinean directamente con los tuyos. Sin embargo, si el valor de tu portafolio crece, el cobro (en porcentaje) permanece igual o disminuye, lo que significa que el asesor gana más en términos absolutos.

Los asesores que cobran basados en AUM siguen teniendo conflictos de intereses. Debido al aumento potencial de sus ingresos, el asesor puede verse incentivado a asumir más riesgo del necesario con tu portafolio. También es menos probable que un asesor basado en el AUM te aconseje tomar medidas que podrían reducir sus activos administrados, como pagar una hipoteca, comprar un seguro de vida con valor en efectivo o adquirir una contrato de annuity diferida.

Los asesores éticos -y la mayoría lo son, según mi experiencia- resolverán estos conflictos a tu favor, algo que están obligados a hacer por ley.

Un cobro basado en el AUM puede estar justificado por el trabajo necesario para hacer un plan financiero completo, que suele estar incluido en los servicios ofrecidos sin costo adicional.

Si quieres hacer tus propios cálculos sobre cómo afecta a tus rendimientos un cobro basado en los AUM, el defensor de los inversionistas Larry Bates ofrece una calculadora muy útil en su sitio web.

Tarifa por horas: En el modelo de tarifa por horas, se te factura por cada hora que el asesor trabaja en tu plan financiero o en otros servicios. Las tarifas varían en función de la experiencia, ubicación y especialización del asesor.

Sólo pagas por el tiempo que el asesor dedica a tus necesidades específicas, lo que es beneficioso si sólo necesitas resolver un asunto concreto. Los planificadores por horas también son un recurso de orientación a largo plazo, que te permite obtener el asesoramiento que necesites, cuando lo necesites, sin un coste fijo.

Tarifas fijas (flat fee): El modelo de tarifa fija es un planteamiento sencillo en el que el asesor cobra una tarifa fija por un paquete específico de servicios que van desde la creación de un plan financiero completo hasta la gestión continuada de la cartera. La tarifa fija puede ser un cargo único por un plan financiero o una tarifa anual por servicios continuados.

Tiene la ventaja de la previsibilidad, ya que el asesor cobra la misma cantidad independientemente de los productos financieros que recomiende o del tiempo que dedique.

Cobro basado en los resultados: Con el modelo basado en el rendimiento, el asesor sólo cobra cuando tus inversiones obtienen buenos resultados. Este modelo lo utilizan sobre todo los fondos de alto riesgo.

Teóricamente, motiva al asesor a esforzarse por conseguir rendimientos positivos, pero puede animarle a asumir riesgos excesivos en un esfuerzo por conseguir mayores rendimientos (y generarle mayores ingresos).

Cobro mínimo: Muchos asesores tienen unos honorarios mínimos. En promedio, es de $5,000 anuales por servicios continuados, que también puede expresarse como una cantidad mínima de activos requeridos. Un rango típico de activos mínimos es de $250,000 $1,000,000.

Consejo para más riqueza

Limita tu elección de asesor a los asesores de inversiones registrados (RIA). Comprende los pros y los contras de los distintos acuerdos de comisiones.

Capítulo 40
Reducir costos

La cantidad que pagas tiene un impacto directo en tus rendimientos.

Vanguard, "Smart Investment Strategies"

Como cualquier otro costo, las cobros que generan los asesores financieros reducen tus rendimientos.

Es vital que sepas lo que pagas y que lo que obtienes merezca la pena.

Si eres un inversionista DIY con activos limitados y necesidades básicas de planificación financiera que necesita ayuda, buscar asesoramiento financiero de bajo costo puede ser prudente.

Aquí tienes algunas opciones:

Roboasesores

Los roboasesores son plataformas que utilizan algoritmos para proporcionar asesoramiento de inversión y gestionar tu cartera. Su popularidad ha aumentado debido a sus comisiones relativamente bajas y a su facilidad de uso.

Con una intervención humana mínima, los roboasesores suelen ser menos caros que los asesores financieros tradicionales. Sin embargo, la falta de apoyo humano (a menos que cumplas los mínimos de algunos roboasesores) significa que los servicios que recibirás son limitados o inexistentes, especialmente en el ámbito del coaching conductual.

Roboasesores líderes de bajo costo y sus comisiones asociadas:

ROBO-ASESOR	COMISIONES ANUALES
Betterment	0.25%-0.40%
Wealthfront	0.25%
Vanguard Digital Advisor	0.15%
Schwab Intelligent Portfolios	Sin gastos de asesoramiento ni comisiones
Fidelity GO	0,50% con una inversión mínima de 50.000 $.

Asesores financieros con tarifas reducidas

Si necesitas un asesor humano pero te preocupan los honorarios, existen opciones de menor costo que te proporcionan asesores calificados a un precio razonable.

ASESORES	CUOTAS ANUALES
Vanguard Personal Advisors	0.30% para cuentas inferiores a 5 millones de dólares
Schwab Inteligent Portfolios Premium	$300 más $30/mes $300 más $30/mes
Fidelity GO	0.50%

Tanto Vanguard como Schwab, la mayoría de los asesores son Planificadores Financieros Certificados® (CFP®). En las tres plataformas, los asesores tienen una relación fiduciaria con sus clientes.

Vanguard y Schwab ofrecen planificación financiera basada en objetivos, además de administración de portafolios. Fidelity ofrece llamadas telefónicas ilimitadas de 30 minutos con un asesor financiero una vez que tu cuenta alcance los $25,000. Schwab exige un capital mínimo de $25,000. Vanguard tiene un requisito de activos mínimos de $50,000.

Las tres son grandes y reputadas familias de fondos con importantes recursos y una infraestructura impresionante.

Asesores financieros con descuento

Aquí tienes algunos recursos para encontrar planificadores financieros que sólo cobran honorarios, que pueden ser adecuados para tus necesidades y más accesibles que un asesor de honorarios basados en AUM:

- **Garrett Planning Network:** Es una red nacional de cientos de planificadores financieros por horas que no exigen ningún mínimo de activos.
- **XY Planning Network:** Se trata de una red de Asesores/Planificadores Financieros Certificados® (CFP®) que no tiene mínimos de activos.
- NAPFA: Asociación líder de asesores financieros por honorarios.

Algunas pequeñas empresas de asesoramiento cobran honorarios más bajos, normalmente basados en una tarifa horaria. Algunas no tienen un número mínimo de horas que debas contratar. Puedes encontrarlas haciendo una búsqueda en Internet de "asesores financieros de bajo coste" o "asesores financieros con descuento".

Consejo para más riqueza

Para muchos inversionistas DIY que necesitan ayuda, los roboasesores y los asesores financieros de bajo costo son dignos de consideración.

Capítulo 41
Estudios que cuantifican el valor

En última instancia, no se trata de que los asesores no deban seguir los estudios sobre el uso y los beneficios de la planificación financiera, sino simplemente de que sigue siendo necesario aplicar un saludable grado de escepticismo al revisar y aplicar la investigación.

Derek Tharp, "Can We Trust Reaearch On The Use And Benefits Of Financial Advisors?" *Kitces*

Los estudios que se enumeran a continuación, todos realizados por grandes empresas de renombre, cuantifican el valor de los asesores financieros. Es útil conocerlos para comprender los beneficios potenciales de recurrir a un asesor financiero.

El estudio de Russell Investments

El estudio más reciente de Russell Investments en 2023 reveló que los asesores confieren beneficios a través de:

- Rebalanceo activo
- Coaching conductual
- Experiencia personalizada
- Planificación e inversión fiscalmente inteligente

El estudio Russell no proporciona un valor total para los cuatro elementos críticos de la fórmula del "Valor de un Asesor". Sin embargo, subraya que estos elementos trabajan juntos para proporcionar un enfoque global y personalizado de la planificación financiera que puede ayudar a los inversionistas a alcanzar sus objetivos financieros.

En su estudio de 2022, Russell descubrió que estos beneficios podrían valer hasta un 4.91% de rendimiento adicional de la inversión, desglosado de la siguiente manera:

Reequilibrio activo:	**0.11%**
Coaching conductual:	**2.37%**
Experiencia personalizada:	**1.21%**
Planificación e inversión fisca inteligente:	**1.22%**

Observa que casi la mitad del valor se atribuye al coaching conductual, cuyo objetivo es ayudar a los inversionistas a tomar decisiones racionales e informadas con sus inversiones y evitar las impulsivas.

El estudio de Vanguard

Un estudio de Vanguard de julio de 2022 concluye que los asesores que siguen el "marco Alfa del Asesor" de Vanguard pueden sumar, o incluso superar, un 3% de rentabilidad neta. Vanguard señala: "No creemos que esta mejora potencial del 3% pueda esperarse anualmente; más bien, es probable que sea muy irregular."

He aquí el desglose:

Selección de fondos de bajo costo	**0.30%**
Rebalanceo	**0.14%**
Entrenamiento conductual	**0%>2.00%**
Localización de activos	**0%-0.60%**
Estrategia de gasto (orden de retirada)	**0%-1.20%**

Vanguard admite que estos resultados "variarán significativamente" según tus circunstancias.

El estudio Morningstar

Morningstar publicó un estudio el 28 de agosto de 2013 sobre el valor de un asesor financiero.

Utilizó una simulación de Montecarlo y estimó que un jubilado podía esperar ganar el equivalente a un aumento de la rentabilidad anual del 1.59%.

Advertencias

Aunque los estudios cuantifican el valor de un asesor de forma diferente, coinciden en que recurrir a un asesor financiero puede mejorar significativamente los rendimientos.

Derek Tharp, Doctor en Filosofía, señaló en su artículo "¿Podemos fiarnos de la investigación sobre el uso y los beneficios de los asesores financieros?" que hay motivos para ser escépticos ante los estudios que intentan cuantificar el valor de un asesor financiero porque:

1. Es "muy difícil" medir el valor de una estrategia determinada.
2. No sabemos qué habría ocurrido sin el asesoramiento del asesor, por lo que no podemos determinar si ese asesoramiento mejoró el resultado para un inversionista determinado. Por ejemplo, si sigues la información del Capítulo 1 sobre las ventajas de las inversiones con bajos costos de administración, no te beneficiaría que un asesor te sugiriera esa estrategia.
3. Existe un sesgo inherente hacia la publicación de estudios con resultados favorables y la no publicación de aquellos sin beneficios estadísticamente significativos. Un estudio podría encontrar poco o ningún beneficio en el uso de un asesor, pero probablemente "se quedaría sin publicar en los cajones de los archivos de los académicos".

No obstante, recurrir a un asesor financiero tiene otras ventajas que no pueden cuantificarse, pero que no deben ignorarse.

- **Costo de oportunidad:** Cuando externalizas los asuntos financieros a un asesor, obtienes un beneficio de "costo de oportunidad" al liberar tiempo y recursos, lo que te permite centrarte en otras áreas importantes de tu vida o negocio. Reasignar tu tiempo puede conducir a una mayor productividad, una mejor toma de decisiones y una mejor calidad de vida en general.
- **Tranquilidad:** Externalizar los asuntos financieros a un asesor financiero puede proporcionarte tranquilidad al garantizar que tus finanzas están en manos capaces. El valor de este beneficio puede medirse por la reducción del estrés y la ansiedad relacionados con la gestión financiera y el aumento potencial de los rendimientos financieros debido a la orientación experta.

Consejo para más riqueza

Los asesores calificados pueden añadir importantes beneficios tangibles e intangibles a tu éxito financiero presente y futuro.

Capítulo 42
La IA
es tu nueva mejor amiga

Lo que tratamos de hacer es encontrarnos con las personas donde están y permitirles que formulen preguntas con sus propias palabras, que el programa pueda utilizar para ponerlas en contacto con los mejores consejos y formas de avanzar.

Nhung Ho, "La IA Could Make Financial Planning More Accessible, Suggest Some in the Sector", *Investment Executive*

Hay pocas dudas sobre el impacto sísmico que tendrá la inteligencia artificial en la planificación financiera. Muchos creen que impulsará una mayor eficiencia y proporcionará capacidades analíticas y de personalización más sofisticadas.

La mayoría de los escritos sobre inteligencia artificial se centran en cómo pueden utilizarla los asesores financieros para aumentar su servicio a los inversionistas.

Pero, ¿qué pasa con su impacto en los inversionistas DIY?

Presupuestación y seguimiento de gastos

Las aplicaciones de finanzas personales basadas en IA, como PocketGuard, clasifican, controlan y analizan tus gastos, proporcionando información valiosa sobre tus hábitos de gasto. Pueden predecir si es probable que superes tu presupuesto e incluso sugerirte cambios que puedes hacer para mantenerte en el buen camino.

Algunas aplicaciones de IA, como Cleo, ofrecen alertas en tiempo real basadas en actividades de gasto inusuales o próximas facturas. Puedes chatear con la aplicación, haciéndole preguntas como "¿Puedo permitirme una pizza?" y "¿Dónde puedo recortar este mes?".

Monitoreo del Puntaje de Crédito

Credit Karma y Experian ofrecen servicios basados en IA que rastrean y sugieren pasos específicos para mejorar tu puntuación crediticia.

Credit Sesame utiliza la IA para mostrar cómo podrían afectar a tu puntuación de crédito las decisiones financieras futuras, permitiéndote tomar decisiones con conocimiento de causa. Analiza tus datos y te proporciona consejos personalizados para mejorar tu crédito.

Planificación fiscal

Intuit TurboTax y H&R Block utilizan IA para sugerir estrategias de ahorro fiscal, facilitando la navegación por el complejo panorama fiscal. H&R Block utiliza modelos de aprendizaje "entrenados con millones de declaraciones de impuestos, algoritmos de IA y tecnología".

Organizar recibos

Organizar los documentos para la preparación de impuestos es una pesadilla anual para muchos. Con Shoeboxed, puedes automatizar este proceso. Utiliza la aplicación móvil o los sobres prepagados para escanear y cargar recibos, tarjetas de visita y otros documentos. Los datos se extraen y se pueden ver en tu cuenta online de Shoeboxed.

Seguros

Insurify utiliza algoritmos de IA para ofrecer a los usuarios cotizaciones y recomendaciones de seguros personalizados. La plataforma analiza la información del cliente, su historial de manejo y sus necesidades de seguro para emparejar a las personas con las pólizas óptimas.

Aplicaciones de inversión

Algunos recursos útiles si necesitas ayuda con tu cartera:

- **Portfolio Visualizer** es una potente herramienta que los inversionistas DIY pueden utilizar para rebalancear su portafolio con las asignaciones objetivo, comparar el rendimiento de su portafolio con los índices de referencia, encontrar asignaciones óptimas de activos y comprobar cómo se habría comportado un portafolio históricamente.
- **Stockal** puede analizar tu cartera e identificar las áreas que requieren reequilibrio. Sus recomendaciones de rebalanceo tienen en cuenta tus objetivos de inversión, tu tolerancia al riesgo y las condiciones del mercado.
- **CoinTracker** sirve principalmente a los inversionistas en criptomonedas, pero ofrece sólidas funciones de cosecha de pérdidas fiscales igualmente valiosas para los activos tradicionales. La aplicación puede sincronizarse con varias bolsas y carteras para automatizar el seguimiento y la identificación de oportunidades de cosecha de pérdidas fiscales. Puedes importar transacciones de inversión, realizar un seguimiento de tus costos y generar informes fiscales con información relevante para la cosechar las pérdidas fiscales. Ofrece funciones que te ayudarán a identificar y ejecutar estrategias fiscalmente eficientes para minimizar tus impuestos a las ganancias.

Planificación financiera

Hay muchas opciones de software para planificadores financieros DIY. Aquí tienes algunas de las principales:

- **Empower** (antes Personal Capital) ofrece una versión gratuita que incluye funciones básicas de planificación financiera.
- **WealthTrace** te permite hacer proyecciones financieras y monitorear tus inversiones, rendimiento, transacciones y comisiones.
- **Quicken** te permite seguir y clasificar tus gastos, personalizar un plan de gastos, proyectar el flujo de efectivo y seguir el progreso hacia la consecución de tus objetivos de ahorro.

Coaching conductual

- **Streaks** es una aplicación que te ayuda a formar buenos hábitos. No está orientada explícitamente a la inversión, pero podría ser una herramienta valiosa para ayudarte con el entrenamiento conductual. Podrías introducir comportamientos positivos como "No revisar mi portafolio durante seis meses" o "Hacer depósitos mensuales en mi portafolio".
- **ChatGPT** puede servir como entrenador principal de comportamiento, ofreciendo consejos sobre psicología de la inversión, respondiendo a consultas y ayudándote a mantener la disciplina. También puede responder a preguntas sobre inversión y planificación financiera.

Le hice cinco preguntas a ChatGPT 4.0. Las preguntas y las respuestas de ChatGPT se enumeran a continuación (ligeramente editadas). Estas respuestas proporcionaron consejos que, en general, son sólidos, pero no siempre es así con los contenidos generados por IA, por lo que debes verificar su resultado de forma independiente.

P: ¿Cómo debo empezar a invertir?

R: Empieza por establecer objetivos financieros claros, comprender la tolerancia al riesgo y diversificar tus inversiones. No pongas todos los huevos en la misma cesta.

P: ¿Cuánto debo ahorrar para la jubilación?

R: Varía, pero una regla empírica común es aspirar a ahorrar entre el 10 y el 15% de tus ingresos anuales. Utiliza una calculadora de jubilación para adaptar esta estimación a tu situación.

P: ¿Cómo puedo minimizar los impuestos sobre mis inversiones?

R: Considera vehículos de inversión fiscalmente eficientes, como las cuentas Roth IRA o 401(k)s, y ten en cuenta las implicaciones fiscales al comprar y vender inversiones.

P: ¿Debo pagar las deudas o invertir?

R: Depende de los tipos de interés. Si tu deuda tiene un tipo de interés superior al que ganarías invirtiendo, céntrate primero en saldar la deuda.

P: ¿Cómo sé si debo contratar a un asesor financiero?

R: Decidir si necesitas un asesor financiero implica evaluar tus objetivos financieros, la complejidad de los activos y la comodidad en la gestión de las finanzas. Si buscas orientación experta, tranquilidad o te enfrentas a intrincadas decisiones financieras, considera la ayuda profesional.

Consejo para más riqueza

La inteligencia artificial es una fuente en rápida expansión de información valiosa para los inversionistas DIY.

Conclusión
Confía en ti mismo

Los estoicos saben adónde van. Confían en sí mismos y en su sentido del camino.

El Estoico Diario, "Confía en ti mismo"

Puedes hacerlo.

Recuerda las directrices básicas:

1. Ignora el ruido de los medios financieros.
2. Compra dos fondos cotizados (ETF).
3. Supera las barreras de tu cerebro para planificar el futuro.
4. Revisa tu plan financiero cada año o cuando tengas un cambio en tu vida.
5. Adopta un estilo de vida sencillo y satisfactorio y vive por debajo de tus posibilidades.

Si la jubilación te parece lejana, eso significa que el tiempo está de tu parte y que ahora es el momento de dar pasos hacia el futuro que deseas.

La información que he ofrecido en este libro es un punto de partida para ayudarte a ser dueño de tus decisiones, investigar el camino adecuado para ti, invertir con confianza y recoger los frutos.

Sólo te queda tomar las riendas e iniciar tu camino hacia un futuro más "rico".

Notas finales

Introducción: Un amigo en apuros

La cita introductoria puede encontrarse en: https://www.morningstar.com/views/blog/client-engagement/what-is-financial-empowerment.

Crítica del New York Times de La inversión más inteligente: https://www.nytimes.com/2006/10/08/business/mutfund/a-bold-insistence-on-one-way-to-invest.html?searchResultPosition=1

Lista de libros recomendados de Derek Sivers: https://www.readthistwice.com/person/derek-sivers

Lista Kiplinger de libros clásicos de inversión: https://www.kiplinger.com/article/investing/t031-c000-s002-boost-your-iq-with-a-good-book.html

Los libros financieros imprescindibles de Style Rave: https://www.stylerave.com/best-must-read-financial-books/

Sobre mi disputa en antena con Jim Cramer: https://www.huffpost.com/entry/the-solin-cramer-smackdow_b_188535

Paso a la inversión en fondos indexados: https://www.cnbc.com/2024/01/18/passive-investing-rules-wall-street-now-topping-actively-managed-assets-in-stock-bond-and-other-funds.html#:~:text=Los%20productos%20de%20inversión%20pasiva%20tienen%20más%20tiempo%20que%20sus%20contrapartes%20gestionadas%20activamente.

Cómo reaccionan los millennials ante la volatilidad del mercado bursátil: https://www.ey.com/en_gl/wealth-asset-management/global-wealth-research-millennial-trends

Encuesta que analiza cómo los millennials mantienen demasiadas de sus inversiones en efectivo: https://mybrand.schroders.com/m/425d7a1eb513d673/original/Schroders_2023_US_Retirement_Survey_Readiness_Rpt_FINAL.pdf

El atractivo de los fondos de gestión activa para los millennials: https://www.ey.com/en_gl/wealth-asset-management/global-wealth-research-millennial-trends

El atractivo de las inversiones alternativas para los millennials: https://www.ey.com/en_gl/wealth-asset-management/global-wealth-research-millennial-trends

Objetivos de jubilación para los millennials: https://www.bankrate.com/investing/millennials-investing-trends-and-stats/

La actitud de los millennials hacia los asesores financieros tradicionales: https://money.usnews.com/financial-advisors/articles/are-millennials-rejecting-financial-advisors#:~:text=Sería%20más%20exacto,por%20los%20millennials%2C%22%20que%20dicen

Capítulo 1: Invertir es fácil y sencillo

La cita del capítulo está extraída del libro If You Can, escrito por William J. Bernstein.

Cita de Warren Buffett: https://quotefancy.com/quote/931531/Warren-Buffett-Investing-is-simple-but-not-easy

Cita de John Bogle: https://www.nytimes.com/2019/01/17/business/mutfund/john-bogle-vanguard-investment-advice.html#:~:text=%E2%80%-

9CIEn%20inversiones%2C%20puedes%20
conseguir%20ser%20inteligente%20con%20
el%20mercado.%E2%80%9D

Una lista de artículos revisados por expertos que
apoyan las opiniones de Bogle en el sitio web
de Index Fund Advisors: https://www.ifa.com/
academic-papers

La historia de la deuda estadounidense: https://www.
theatlantic.com/business/archive/2012/11/the-long-
story-of-us-debt-from-1790-to-2011-in-1-little-
chart/265185/

El representante cita:

Cita de Buffett: https://www.etmoney.com/
learn/personal-finance/9-lessons-in-inves-
ting-by-warren-buffett/

Cita de Lynch: https://www.azquotes.com/
quote/1259336

Cita de Malkiel: https://www.quotemaster.org/
qbdecdfbeea12088700492644075e0658

Cita de Lewis: https://quotefancy.com/
quote/1296513/Michael-Lewis-Wall-Street-with-its-
army-of-brokers-analysts-and-advisers-funneling

La encuesta a los economistas puede consultarse
en: https://www.fraserinstitute.org/blogs/econo-
mists-unanimous-index-funds-are-investing-101#:~:-
text=En realidad%2C%20no%20todos%20los%20
economistas%20dicen,que%20está%20muy%20
seguro%20de%20ello

Rentabilidad histórica anual del índice FTSE Global All
Cap: research.ftserussell.com

Información sobre VT: https://investor.vanguard.
com/investment-products/etfs/profile/
vt#performance-fees

Rentabilidad histórica anual del índice ICE Bofa
Merrill Lynch del Tesoro estadounidense a 1-3
años: https://curvo.eu/backtest/en/market-index/
ice-us-treasury-1-3-year-bond?currency=eur

Información sobre SHY: https://www.ishares.com/us/
products/239452/SHY?cid=ppc:ishares_us:google:-
fund-names-priorities&gclid=CjwKCAjwhdWkBhBZEi-
wA1ibLmIMefcHtZTo98kOcZ6Lc8ZpLwKfAVGyr-OW-
faf-AFbyOVvxGON6T5hoCqcYQAvD_BwE&gclsrc=aw.ds

Hay muchas alternativas a SHY, incluido el ETF
Schwab del Tesoro de EE.UU. a Corto Plazo (SCHO).
Sigue la rentabilidad total de un índice que mide la
rentabilidad del mercado de bonos del Tesoro estadounidense a corto plazo. Su fecha de inicio fue el 5
de agosto de 2010. Tiene un bajo costo de administración del 0.030%. A 29 de enero de 2024, gestionaba más de 12.000 millones de dólares.

Información sobre SCHO: https://www.schwabasset-
management.com/products/scho.

Argumentos contra la diversificación de los bonos
extranjeros: https://retirementresearcher.com/
need-diversify-bonds/

Opiniones de Vanguard sobre la diversificación
de bonos extranjeros: https://investor.vanguard.
com/investor-resources-education/understan-
ding-investment-types/why-invest-internationa-
lly#:~:text=En%20general%2C%20Vanguard%20
recomienda%20que,la%20asignación%20de%20
bonos%20en%20bonos%20internacionales

Información sobre el IGOV: https://www.ishares.com/
us/products/239830/

Rentabilidad histórica de acciones y bonos: https:// www.ishares.com/us/products/239830/

La diferencia entre riesgo y volatilidad: https://www. morningstar.co.uk/uk/news/227398/whats-the-diffe- rence-between-risk-and-volatility.aspx

Calculadora de asignación de activos de Vanguard: https://investor.vanguard.com/tools-calculators/ investor-questionnaire#modal-start-quiz

Calculadora de asignación de activos iPers: https:// ipers.org/members/calculators/asset

Similitudes y diferencias entre los fondos de inver- sión indexados y los ETF: https://www.forbes. com/advisor/investing/etf-vs-index-fund/#:~:- text=Uno%20de%20los%20más%20significa- tivos,el%2C%20día%20después%20del%20 cierre%20de%20los%20mercados.

Los documentos académicos que apoyan las opinio- nes de Bogle pueden encontrarse en la página web de Index Fund Advisors: https://www.ifa.com/ academic-papers.

Capítulo 2: El Factor Factor

La cita del capítulo se encuentra en: https://www. kitces.com/blog/review-fact-fiction-factor-inves- ting-aghassi-asness-fattouche-moskowitz-swe- droe-persistence-timing/.

Información sobre el Goldman Sachs ActiveBe- ta U.S. Large Cap Equity ETF (GSLC): https://www. gsam.com/content/gsam/us/en/individual/products/ etf-fund-finder/goldman-sachs-activebeta-u-s--large- cap-equity-etf.html#activeTab=overview

Dimensional Fund Advisors ha sido una familia de

fondos líder en el espacio basado en factores durante muchos años. Aquí tienes una lista de sus fondos de inversión y ETF:

https://www.dimensional.com/us-en/funds

Capítulo 3: Inversión en planes de jubilación

La cita del capítulo se encuentra en: https://ameri- casbest401k.com/401k-study/.

La cita de Morningstar puede encontrarse en: https:// www.morningstar.co.uk/uk/news/149421/how-fund- fees-are-the-best-predictor-of-returns.aspx.

Estudio sobre el impacto de las elevadas comisiones en los planes de jubilación: https://www.demos.org/ research/retirement-savings-drain-hidden-excessi- ve-costs-401ks

Costos de administración de los fondos de inver- sión de los planes ofrecidos por las mayores plataformas: chrome-extension://mhnlakgilno- jmhinhkckjpncpbhabphi/pages/pdf/web/viewer. html?file=https%3A%2F%2Famericasbest401k. com%2Fwp-content%2Fuploads%2F2017%2F12%- 2FABk_SmallBizFees_FINAL.pdf

Estudio sobre las malas elecciones de inversión en los planes de jubilación de las pequeñas empre- sas: https://americasbest401k.com/wp-content/ uploads/2017/12/ABk_SmallBizFees_FINAL.pdf

Información sobre las cuentas individuales tradicio- nales: https://www.schwab.com/ira/traditional-ira

Información sobre las cuentas IRA Roth: https://www. schwab.com/ira/roth-vs-traditional-ira

Información sobre los planes 401(k) individuales: https://www.nerdwallet.com/article/investing/what-is-a-solo-401k

Información sobre las cuentas IRA SEP: https://www.irs.gov/retirement-plans/retirement-plans-faqs-regarding-simple-ira-plans#:~:text=Un%20SIMPLE%20IRA%20plan%20proporciona,o%20cotizaciones%20o%20contribuciones%20nolectivas.

Información sobre las HSA: https://www.healthcare.gov/glossary/health-savings-account-hsa/

Capítulo 4: Inversión socialmente responsable

La cita del capítulo se encuentra en: https://fortune.com/recommends/investing/what-is-esg-investing/.

Encuesta que muestra el interés de los millennials por las inversiones ASG: https://www.nasdaq.com/articles/how-millennials-and-gen-z-are-driving-growth-behind-esg

Información general sobre la inversión socialmente responsable: https://www.investopedia.com/terms/s/sri.asp

Información sobre el número de fondos ESG disponibles para los inversionistas: https://www.nasdaq.com/articles/how-millennials-and-gen-z-are-driving-growth-behind-esg

La cuestión del lavado verde: https://www.nasdaq.com/articles/how-millennials-and-gen-z-are-driving-growth-behind-esg

La nueva norma de la SEC contra el lavado verde: https://www.sec.gov/files/rules/final/2023/33-11238.pdf

La cita atribuida a Jon Hale puede encontrarse en: https://www.nerdwallet.com/article/investing/best-esg-funds.

Boletín de la SEC para inversionistas sobre fondos ESG: https://www.investor.gov/introduction-investing/general-resources/news-alerts/alerts-bulletins/investor-bulletins-1

Información sobre el índice S&P 500 ESG: https://www.spglobal.com/spdji/en/indices/esg/sp-500-esg-index/#overview

Factores que contribuyen a una menor rentabilidad esperada de las inversiones ASG: https://papers.ssrn.com/sol3/papers.cfm?abstract_id=3498354

Encuesta de la Universidad de Stanford sobre la disposición de los millennials a sacrificar beneficios por un bien mayor: https://www.gsb.stanford.edu/sites/default/files/publication/pdfs/cgri-closer-look-98-esg-investing.pdf

Información sobre el ETF de acciones estadounidenses ESG de Vanguard: https://investor.vanguard.com/investment-products/etfs/profile/esgv

Información sobre iShares ESG Aware MSCI USA ETF: https://www.ishares.com/us/literature/fact-sheet/esgu-ishares-esg-aware-msci-usa-etf-fund-fact-sheet-en-us.pdf

Información sobre el ETF ESG de Acciones Internacionales de Vanguard: https://investor.vanguard.com/investment-products/etfs/profile/vsgx

Capítulo 5: Inversiones alternativas

La cita del capítulo se encuentra en: https://www.evidenceinvestor.com/alternative-investments-have-been-useless-since-2007/.

Opiniones de Goldman Sachs abogando por alternativas: https://www.gsam.com/content/gsam/us/en/institutions/market-insights/gsam-insights/2023/allocating-to-alternatives.html

Asignación promedio de los inversionistas de alto patrimonio neto a alternativas: https://www.gsam.com/content/gsam/us/en/institutions/market-insights/gsam-insights/2023/allocating-to-alternatives.html

Los decepcionantes rendimientos de las inversiones alternativas: https://www.evidenceinvestor.com/alternative-investments-have-been-useless-since-2007/

Información sobre los NFT: https://www.nytimes.com/interactive/2022/03/18/technology/nft-guide.html

Pros y contras de las NFT: https://cryptonews.com/news/pros-cons-of-nfts-everything-you-need-know.htm

Tamaño del mercado fraccional del arte: https://www.masterworks.com/?utm_source=google+marca&utm_medium=plataforma&utm_campaign=Marca_Masterworks&utm_content=masterworks&gad=1&gclid=CjwKCAiA6byqBhAWEiwAnGCA4I6Pw6OuA2Ix-1ODC-yUI1nHwHpc1vgzDzUXqGJ34I3P7_IuNCihTd-BoCDmoQAvD_BwE&utm_flag=modo-original

La cita atribuida al sitio web de Mariana Custodio: https://marianacustodio.com/the-5-biggest-art-frauds-in-contemporary-art-history/.

Riesgos de invertir en arte y objetos de colección: https://www.investopedia.com/articles/personal-finance/061815/risks-investing-art-and-collectibles.asp#:~:text=Son%20más%20difíciles%20de,de%20destrucción%20de%20los%20activos.

Tamaño del mercado fraccional inmobiliario: https://fundrise.com/acq-plus/start?gclsrc=aw.ds&utm_source=google&utm_medium=cpc&utm_campaign=brand-849327244-47015505727-g&utm_content=435576490559-fundrise-e-c&gad_source=1&gclid=CjOKCQiAuqKqBhDxARIsAFZELmJQs-s3IgmDeB5drlhB424qFvrveIq6Uamed-QmNUT8_LkvWHTzCSHMaAs3VEALw_wcB

Ventajas e inconvenientes de invertir en bienes inmuebles: https://readwrite.com/real-estate-investing/

Fraccionamiento de acciones: https://robinhood.com/us/en/support/articles/fractional-shares/

Resultados financieros de Robinhood del segundo trimestre de 2023: https://investors.robinhood.com/news/news-details/2023/Robinhood-Reports-Second-Quarter-2023-Results/default.aspx

MusicSplit y ArtSplit: https://www.artsplit.com/musicsplit

Songvest:https://www.songvest.com/?utm_source=SongVest&utm_medium=GoogleSearch&utm_campaign=LeadGen&gad_source=1&gclid=CjOKCQiAuqKqBhDxARIsAFZELmIp9nZnUoZTnNZSyvZuTBsoOnS-TpMA4IWNaQQhzH-JpoS-jpH7CFb4aAgr8EALw_wcB

Intercambio de derechos de autor: https://www.royaltyexchange.com/instant-offer?ads_cmpid=1011106690&ads_adid=49202678785&ads_matchtype=b&ads_network=g&ads_creative=530521216211&utm_term=%2Broyalty%20%2Bexchange&ads_targetid=kwd-394969080372&utm_campaign=&utm_source=adwords&utm_medium=ppc&ttv=2&gad_source=1&gclid=CjOKCQiAuqKqBhDxA-RIsAFZELmLthrWtFfOq5WOOykwiPMLQQOG1w3Po-CxK23w3yNOEI_DSWW-6kVUaArt2EALw_wcB

Publica: https://publica.com/

Capítulo 6: Suerte en la lotería

La cita del capítulo se encuentra en: https://finance.yahoo.com/news/swedroe-avoid-lotterylike-investments-100030033.html.

Probabilidades de la lotería: https://www.davidson.edu/news/2023/07/19/magic-numbers-how-tilt-odds-winning-lottery-or-powerball-jackpot-your-favor#:~:text=Pero%20realmente%20te%20lleva%20la,(ligeramente)%20a%20tu%20favor

Ponencia sobre el papel del cerebro en las decisiones financieras: https://www.redalyc.org/journal/5117/511766757004/html/#:~:text=Además%2C%20los%20efectos%20de%20hormonas,prevención%20de%20escenarios%20financieros%20negativos

La cartera de dopamina frente a la cartera de serotonina: https://financialpost.com/investing/investing-pro/the-dopamine-portfolio-vs-the-serotonin-portfolio-do-you-know-which-one-you-have

Aversión a la pérdida: https://thedecisionlab.com/biases/loss-aversion

Capítulo 7: Confusión sobre las criptomonedas

La cita del capítulo se encuentra en: https://www.investors.com/news/warren-buffett-bashes-bitcoin-as-gambling-token-bitcoin-price-hovers-near-30000/.

Debate general sobre las criptomonedas: https://www.nerdwallet.com/article/investing/cryptocurrency

Ventajas e inconvenientes de invertir en criptomonedas: https://www.forbes.com/advisor/in/investing/cryptocurrency/advantages-of-cryptocurrency/

Información sobre el suministro limitado de criptomonedas: https://www.blockchain-council.org/cryptocurrency/how-many-bitcoins-are-left/#:~:text=El%20suministro%20máximo%20de%2021,el%20proceso%20de%20Bitcoin%20minado

Debate sobre la Bolsa FTX: https://www.investopedia.com/ftx-exchange-5200842

Sobre la condena de Sam Bankman-Fried: https://www.cnbc.com/2023/11/02/sam-bankman-fried-found-guilty-on-all-seven-criminal-fraud-counts.html

Cargos presentados por la SEC contra Binance: https://www.sec.gov/news/press-release/2023-101

La declaración de culpabilidad de Changpeng Zhao y el acuerdo de Binance de pagar 4.000 millones de dólares:

https://finance.yahoo.com/news/crypto-chief-pleads-guilty-money-230648934.html

El impacto medioambiental de la minería de criptomonedas: https://earthjustice.org/feature/cryptocurrency-mining-environmental-impacts#:~:text=Top%20Down%20estimates%20of%20the,in%20the%20U.%20in%202021 and https://www.climate.gov/news-features/understanding-climate/climate-change-atmospheric-carbon-dioxide#:~:text=Sin%20dióxido%20de%20carbono%2C%20natural%20de%20laTierra,causando%20un%20aumento%20de%20la%20temperatura%20global

La opinión de Schwab sobre la inversión en criptomonedas: https://www.schwab.com/learn/story/are-cryptocurrency-investments-right-you#:~:text=-

Bitcoin%20y%20otras%20criptomonedas%20son,-su%20volatilidad%E2%80%94no%20valor%20intrínseco

Capítulo 8: Mitos de la inversión

La cita del capítulo está extraída de Winning the Loser's Game: Timeless Strategies for Successful Investing, por Charles D. Ellis.

Los riesgos de un excesivo trading de márgenes: https://insights.som.yale.edu/insights/study-margin-trading-causes-stock-prices-to-drop-in-concert

Los riesgos del trading diario: https://www.sciencedirect.com/science/article/abs/pii/S1386418113000190

The performance of gold: https://www.statista.com/statistics/1061434/gold-other-assets-average-annual-returns-global/#:~:text=Average%20annual%20return%20of%20gold%20and%20other%20assets%20worldwide%20 1971%2D2022&text=Between%20January%20 1971%20and%20December,in%202022%20 was%200.4%20percent

El pésimo historial de los fondos de gestión activa: https://www.spglobal.com/spdji/en/spiva/article/spiva-us/

El historial del análisis técnico: https://jonathankinlay.com/2023/01/why-technical-analysis-doesnt-work/

Los rendimientos esperados de las acciones de alta calidad: https://bookdown.org/adam_aiken/advinv/factors.html

El estudio que muestra que sólo el 4% de las acciones explican la ganancia neta de todo el mercado

bursátil estadounidense: https://papers.ssrn.com/sol3/papers.cfm?abstract_id=2900447

La eficiencia del mercado de valores: https://www.investopedia.com/terms/p/price-efficiency.asp#:~:text=La%20eficiencia%20del%20precio%20es%20la%20creencia,está%20en%20el%20dominio%20público

La relación entre los resultados pasados y los futuros: https://insights.som.yale.edu/insights/does-mutual-fund-s-past-performance-predict-its-future

Extractos de libros escritos por Suze Orman y Dave Ramsey: https://www.nytimes.com/2019/10/11/business/suze-orman-robert-kiyosaki-dave-ramsey-books.html

Cita de inversiones Fidelity: https://www.fidelity.com/viewpoints/retirement/how-long-will-savings-last#:~:text=We%20did%20the%20 math%E2%80%94looking,the%20first%20 year%20of%20retirement%2C

Artículo de James Choi: https://papers.ssrn.com/sol3/papers.cfm?abstract_id=4203061

Capítulo 9: Terribles Consecuencias

La cita del capítulo se encuentra en: https://papers.ssrn.com/sol3/papers.cfm?abstract_id=3213334.

Artículo del Investigador de la Jubilación: https://retirementresearcher.com/occams-ignore-the-financial-media/

Trágica historia de Alex Kearns: https://www.cnbc.com/2020/06/18/young-trader-dies-by-suicide-after-thinking-he-racked-up-big-losses-on-robinhood.html

Estudio que correlaciona las tasas de suicidio

con los descensos de los rendimientos bursátiles: https://papers.ssrn.com/sol3/papers.cfm?abstract_id=3213334

Capítulo 10: Algo tiene que cambiar

La cita del capítulo se encuentra en: https://www.bankrate.com/banking/savings/emergency-savings-report/.

Triste estado de los ahorros para la jubilación de los trabajadores estadounidenses: https://www.ebri.org/docs/default-source/rcs/2022-rcs/rcs_22-fs-3_prep.pdf?sfvrsn=e5c83b2f_4

Incapacidad de los estadounidenses para conseguir ahorros de emergencia: https://www.bankrate.com/banking/savings/emergency-savings-report/

Retos del ahorro a los que se enfrentan los millennials: https://www.napa-net.org/news-info/daily-news/what-are-401k-participation-and-savings-rates-generation#:~:text=Ellos%20comenzaron%20a%20ahorrar%20a%20edad,(mediana)%20en%20ahorros%20de%20emergencia

Deuda de préstamos estudiantiles de los millennials: https://crr.bc.edu/wp-content/uploads/2021/02/IB_21_3-1.pdf

Los millennials están por detrás de los inversionistas de más edad en cuanto a preparación para la jubilación: https://www.cnbc.com/select/millennials-behind-other-generations-retirement-savings/

Excesiva dependencia de los estadounidenses de la Seguridad Social: https://www.ssa.gov/news/press/factsheets/basicfact-alt.pdf

Costes sanitarios previstos para los jubilados: https://www.fidelity.com/viewpoints/personal-finance/plan-for-rising-health-care-costs

Saldos de tarjetas de crédito en EE.UU.: https://www.newyorkfed.org/newsevents/news/research/2023/20230808

Luchas financieras de los estadounidenses mayores: https://www.cbsnews.com/news/social-security-medicare-seniors-more-americans-struggling-to-pay-bills/

Capítulo 11: Un sistema manipulado

La cita del capítulo se encuentra en: https://hbr.org/2014/06/the-price-of-wall-streets-power.

El comportamiento a largo plazo del mercado de valores: https://www.officialdata.org/us/stocks/s-p-500/1928?amount=100&endYear=2022

Preocupación por la inflación: https://www.forbes.com/advisor/investing/how-to-hedge-against-inflation/

Número de representantes registrados en EE.UU.: https://www.finra.org/media-center/statistics#key-industry-statistics

Ingresos brutos de los intermediarios: https://www.sifma.org/resources/research/fact-book/

Problemas de autorregulación: https://scholars.law.unlv.edu/cgi/viewcontent.cgi?article=2141&context=facpub

Responsabilidades de FINRA: https://www.finra.org/about/what-we-do

La cita atribuida a Benjamin P. Edwards: https://scholars.law.unlv.edu/cgi/viewcontent.cgi?article=2141&context=facpub.

Esfuerzos de presión del sector de valores contra los inversionistas: https://www.citizen.org/article/hypnotized-by-wall-street/

Problemas con el arbitraje obligatorio: https://www.nytimes.com/2016/06/04/business/dealbook/finra-arbitration-case-offers-a-peek-into-a-murky-world.html y https://www.nber.org/system/files/working_papers/w25150/revisions/w25150.rev1.pdf

Estadísticas que muestran la falta de diversidad de los árbitros de la FINRA: https://www.finra.org/arbitration-mediation/diversity

Mi artículo sobre la posición de las asociaciones de consumidores sobre el arbitraje obligatorio: https://www.huffpost.com/entry/finra-a-wily-fox-guarding_b_403552

La brecha del comportamiento: https://www.thebalancemoney.com/what-is-the-behavior-gap-2388311 y https://www.morningstar.com/funds/are-you-leaving-money-table-your-funds-returns.

Capítulo 12: Dejar ir

La cita del capítulo se encuentra en: https://www.goodreads.com/quotes/7588248-we-cannot-choose-our-external-circumstances-but-we-can-always.

Estoicismo: https://iep.utm.edu/stoicism/

Punto de vista del estoicismo sobre cómo afrontar lo que podemos controlar: https://medium.com/stoicism-philosophy-as-a-way-of-life/the-importance-of-understanding-dichotomy-of-control-1f7133210c0d#:~:text=Los%20estoicos%20creían%20que%20las%20cosas,nosotros%20dentro%20de%20una%20situación%20dada

Principio estoico de aceptación del destino: https://medium.com/stoicism-philosophy-as-a-way-of-life/the-importance-of-understanding-dichotomy-of-control-1f7133210c0d#:~:text=Los%20estoicos%20creían%20que%20las%20cosas,nos%20dentro%20de%20una%20situación%20dada

Cuatro virtudes estoicas: https://dailystoic.com/4-stoic-virtues/

Inteligencia emocional y estoicismo: https://medium.com/stoicism-philosophy-as-a-way-of-life/emotional-intelligence-and-stoicism-9f75b91427ec#:~:text=Si%20estamos%20enfadados%2C%20hurt,nutshell%2C%20it%20teaches%20Emotional%20Intelligence

Cita de Lucio Anneo Séneca: https://dailystoic.com/time-management/#:~:text=La%20cantidad%20de%20tiempo%20que%20tenemos,es%20nuestro%20recurso%20más%20valioso

Cita de Viktor Frankl: https://dailystoic.com/amor-fati/

Capítulo 13: El poder de la perspectiva

La cita del capítulo se encuentra en: https://epgwealth.com.au/what-is-the-power-of-perspective-when-investing/#:~:text=Aunque%20pueda%20ser%20tentador,%20sé%20disciplinado%20con%20tu%20estrategia%20de%20inversión.

Cita de Warren Buffett: https://www.trading212.com/learn/investing-101/active-vs-passive-investing

Encuesta a los miembros de la Asociación de Planificación Financiera: https://www.financialplan-

ningassociation.org/sites/default/files/2021-03/
AUG09%20The%20Changing%20Role%20of%20
the%20Financial%20Planner%20Part%201%20
From%20Financial%20Analytics%20to%20
Coaching%20and%20Life%20Planning.pdf

Estudio sobre las emociones: https://www.ncbi.nlm.
nih.gov/pmc/articles/PMC8228195/#:~:text=Las%20
emociones%20surgen%20de%20activaciones%20
del,núcleo%2C%20y%20área%20ventral%20
tegmental%20.

Secuestro de la amígdala: https://www.ncbi.nlm.nih.
gov/pmc/articles/PMC8228195/#:~:text=Las%20
emociones%20surgen%20de%20activaciones%20
del,núcleo%2C%20y%20área%20ventral%20
tegmental%20.

El poder de nombrar las emociones: https://mindful-
ness.com/mindful-living/name-it-to-tame-it

Información sobre los mercados alcistas y bajistas:
https://www.hartfordfunds.com/practice-mana-
gement/client-conversations/managing-volatility/
bear-markets.html#:~:text=Un%20mercado%20
bajista%20no,15%20recesiones%20durante%20
ese%20tiempo.&text=Los%20mercados%20bajis-
tas%20a menudo%20van%20acompañados,sig-
nifican%20que%20se%20proxima%20una%20
recesión%20.

Rentabilidad histórica del índice S&P 500: https://
awealthofcommonsense.com/2022/12/how-of-
ten-is-the-market-down-in-consecutive-years/#:~:-
text=Desde%201928%2C%20el%20S%26P%20
500,time%20following%20a%20down%20year.

Capítulo 14: No mires

La cita del capítulo se encuentra en:
https://www.cnbc.com/select/how-of-
ten-should-you-check-your-investment-portfolio/.

Citas atribuidas a Marco Aurelio: https://
donaldrobertson.name/2020/07/31/
the-stoics-on-how-to-stop-doing-things/

El efecto dotación: https://thedecisionlab.com/
biases/endowment-effect?&adw=true&utm_campaig-
n=21+Biases+-+Endowment+Effect&utm_medium=pp-
c&utm_source=adwords&utm_term=endowment%20
effect&hsa_mt=b&hsa_net=adwords&h-
sa_ad=500704987890&hsa_src=g&hsa_
cam=12413028140&hsa_kw=endowment%20
effect&hsa_grp=121913746767&hsa_tgt=kwd-295792238609&h-
sa_ver=3&hsa_acc=8441935193&gad=1&gclid=CjwK-
CAjw2K6lBhBXEiwA5RjtCQqi-Sy3940_t7fm2cQ-AB-
5JXz7yx6xEzyfbhSsgVnumPVvSSIl71hoC-QsQAvD_BwE

Sesgo de información: https://www.miraeasset-
mf.co.in/knowledge-center/information-bias#:~:-
text=El%20sesgo%20de%20información%20
es%20la%20tendencia,a%20no%20tener%20
información%20suficiente

Efectos nocivos de un exceso de cortisol: https://
www.miraeassetmf.co.in/knowledge-center/infor-
mation-bias#:~:text=La%20de%20informa-
ción%20es%20la%20tendencia,no%20tenía%20
información%20suficiente

Capítulo 15: La inactividad magistral

La cita del capítulo se encuentra en: https://
leomax89.medium.com/kindle-highli-
ghts-from-berkshire-hathaway-letters-to-sharehol-
ders-1965-2018-by-warren-buffet-8c1b86cbc00.

El enfoque de los estoicos sobre los pensamientos, las
creencias y las acciones: https://www.linkedin.com/
pulse/from-fear-fearless-stoic-philosophy-mana-
ging-anxiety-goodman-ph-d-/

Cita de Bogle: https://www.forbes.com/sites/chris-
barth/2011/08/09/bogle-to-investors-dont-do-some-

thing-stand-there/?sh=79f734862b47

El peligro del market timing: https://www.
hartfordfunds.com/practice-management/
client-conversations/managing-volatility/
timing-the-market-is-impossible.html

2022 pérdida de valor del VT: https://finance.yahoo.
com/quote/VT/history/

2022 pérdida de valor de SHY: https://finance.yahoo.
com/quote/SHY/performance/

Prejuicio de recencia: https://www.scribbr.com/
research-bias/recency-bias/#:~:text=El%20
prejuicio%20de%20recencia%20es%20la%20
tendencia,cómo%20se%20desvelará%20el%20
futuro%20.

Comportamiento de rebaño: https://www.ncbi.nlm.
nih.gov/pmc/articles/PMC2827453/#:~:text=El%20
rebaño%20puede%20definirse%20como,de%20
su%20propia%2C%20información%20privada.

Estudio sobre el impacto del estrés en los Traders
de Londres: https://www.reuters.com/article/
uk-science-stress-markets/trader-stress-hormo-
nes-may-exacerbate-financial-market-crises-idUKL-
NEA1H0OG20140218/

Sesgo de confirmación: https://www.wallstreetmojo.
com/confirmation-bias-examples/

Capítulo 16: No te dejes intimidar

La cita del capítulo se encuentra en: https://thefi-
nancebuff.com/tax-efficient-asset-placement-diffe-
rence.html.

Puntos de vista de los estoicos sobre la simplicidad: https://dailystoic.com/4-stoic-vir-
tues/#:~:text=Los%20estoicos%20rehuyen%20
la%20complejidad%20y,templanza%2C%20
sabiduría%2C%20y%20justicia.

Discusión sobre el reequilibrio: https://www.inves-
topedia.com/investing/rebalance-your-portfo-
lio-stay-on-track/#:~:text=¿Por qué%20se%20
reequilibra%20tu%20cartera,perfil%20de%20
riesgo%20de%20tu%20cartera.

Cita de John Bogle: https://www.morningstar.com/
articles/615379/bogle-be-sensible-about-rebalancing

Discusión sobre la cosecha de pérdidas fiscales:
https://www.fidelity.com/viewpoints/personal-fi-
nance/tax-loss-harvesting#:~:text=Tax%2Dloss%20
harvesting%20allows%20you,invested%20and%20
working%20for%20you.

Regla de la "venta lavada": https://www.fide-
lity.com/learning-center/personal-finance/
wash-sales-rules-tax.

Discusión de la compensación de
3.000 $ de los ingresos imponibles:
https://www.schwab.com/learn/story/
how-to-cut-your-tax-bill-with-tax-loss-harvesting

Debate sobre la ubicación de los activos: https://
www.whitecoatinvestor.com/asset-location/

Capítulo 17: Ignora a los expertos desnudos

La cita del capítulo se encuentra en: https://papers.
ssrn.com/sol3/papers.cfm?abstract_id=4390165.

Cita atribuida a Séneca: https://www.stoicsimple.
com/stoic-quotes-on-uncertainty-the-best-stoicism-
sayings-phrases/

Estudio sobre la precisión de las previsiones bursátiles: https://papers.ssrn.com/sol3/papers.cfm?abstract_id=4390165

Previsión media para 2008 de los "expertos" de Wall Street: https://www.nytimes.com/2019/12/23/business/retirement/index-fund-investing.html

Efecto Halo: https://www.valuewalk.com/halo-effect-bias/

Tendencia a atribuir rasgos positivos a las personas atractivas: https://link.springer.com/article/10.1007/s12144-022-03575-0#:~:text=La%20investigación%20ha%20descubierto%20que%20la%20atractividad,la%20mayor%20investigación%20utiliza%20muestras%20occidentales.

Heurística de disponibilidad: https://www.researchgate.net/publication/228419434_The_Availability_Heuristic_and_Investors'_Reacción_a_eventos_específicos_de_la_empresa

Impacto de la heurística de disponibilidad en las decisiones de inversión: https://www.investopaper.com/news/availability-heuristic/

Capítulo 18: No busques patrones

La cita del capítulo se encuentra en: https://www.linkedin.com/pulse/life-mars-money-tricks-our-brains-play-mitch-tuchman/.

Opiniones de los estoicos sobre la búsqueda de patrones falsos: https://dailystoic.com/self-sufficiency-the-ultimate-stoic-virtue/

Imprevisibilidad de los movimientos de las cotizaciones bursátiles: https://www.aaii.com/journal/article/stock-price-movements-are-unpredictable

Estudio sobre los orígenes evolutivos de la búsqueda de patrones: https://www.ncbi.nlm.nih.gov/pmc/articles/PMC4141622/

Estudio que demuestra nuestro esfuerzo subconsciente por encontrar patrones: https://www.ncbi.nlm.nih.gov/pmc/articles/PMC3749823/

Cómo estamos programados para encontrar patrones: https://www.psychologytoday.com/us/blog/singular-perspective/202105/why-the-human-brain-is-so-good-detecting-patterns

Discusión sobre la apofenia: https://psychcentral.com/lib/patterns-the-need-for-order#examples

Impacto en tu cerebro del simple hecho de etiquetar algo: https://www.wildpeace.org/name-it-to-tame-it-reframe#:~:text=La investigación%20ha%20descubierto%20que%20etiquetar,es%22%20explicar%20este%20fenómeno

Capítulo 19: El amor verdadero

La cita del capítulo se encuentra en: https://www.fidelity.com/viewpoints/financial-basics/financial-stability-and-love.

Debate sobre las elevadas tasas de pobreza de las viudas: https://www.ssa.gov/policy/docs/ssb/v65n3/v65n3p31.html#:~:text=Las%20tasas%20de%20pobreza%20de%20viudas%20disminuyen,una%20vez%20que%20llegan%20a%20los%2080años.

Capítulo 20: El escándalo y la realidad

La cita del capítulo se encuentra en: https://www.tataaia.com/blogs/life-insurance/what-are-the-advantages-and-disadvantages-of-financial-planning.html.

Objetivos SMART: https://www.atlassian.com/blog/
productivity/how-to-write-smart-goals

Capítulo 21: El análisis de Montecarlo puede utilizarse mal

La cita del capítulo se encuentra en: https://
www.linkedin.com/posts/michaelkitces_why-i-ad-
vocate-the-use-of-monte-carlo-analysis-activi-
ty-7024814064639836160-AKJP/.

Origen del nombre de la simulación Monte Carlo:
https://www.ibm.com/topics/monte-carlo-simu-
lation#:~:text=El%20Método%20Monte%20
Carlo%20fue,a%20un%20juego%20de%20
roulette

Simulación Monte Carlo: https://corporatefinan-
ceinstitute.com/resources/financial-modeling/
monte-carlo-simulation/

Estudio sobre el rendimiento de distintos modelos de
Montecarlo: https://www.kitces.com/blog/monte-car-
lo-models-simulation-forecast-error-brier-score-reti-
rement-planning/

Ventajas de utilizar una simulación de
Montecarlo en la modelización financiera: https://finmodelslab.com/blogs/blog/
monte_carlo-simulation-financial-modelling

Herramienta de simulación Monte Carlo proporciona-
da por Portfolio Visualizer: https://www.portfoliovi-
sualizer.com/monte-carlo-simulation

Capítulo 22: Coraje empresarial

La cita del capítulo se encuentra en: https://
www.goodreads.com/quotes/451403-whene-
ver-you-see-a-successful-business-someo-
ne-once-made-a.

Estudio sobre el espíritu empresarial y los millennials: https://startupnation.com/start-your-business/
state-entrepreneurship-millennials/

Capítulo 23: ¿Cuánto es suficiente?

La cita del capítulo se puede encontrar en:
https://www.bankrate.com/retirement/
how-much-to-save-for-retirement/#:~:text=sal-
var%20pequeñas%20cantidades.-,Regla%204%20
de%20de%20de%20de%20de%20de%20de%20
de%20de%20de%20de%20de%20de%20de%20
de%20de%20de%20de%20de%20de%20de%20
de%20de%20de%20.

Historia de Olive Swindells: https://www.latimes.
com/archives/la-xpm-1995-12-28-mn-18717-story.
html

Historia de Ronald Read: https://finance.yahoo.
com/news/janitor-vermont-amassed-8m-fortu-
ne-140000770.html#:~:text=Read%2C%20a%20
retired%20gas%20station,much%20of%20
Read's%20local%20community

Pautas de Fidelity sobre cuánto debes ahorrar para
la jubilación: https://www.fidelity.com/viewpoints/
retirement/how-much-do-i-need-to-retire

Directrices de Fidelity sobre cuánto gastarás durante
la jubilación: https://www.fidelity.com/viewpoints/
retirement/spending-in-retirement#:~:text=Espe-
ra%20gastar%2055%25%E2%80%9380,in-
gresos%20actuales%20anuales%20en%20
jubilación

Calculadora de esperanza de vida de la Administración de la Seguridad Social: https://www.ssa.gov/
oact/population/longevity.html

La calculadora de centenarios de Nueva Inglaterra:
https://www.bumc.bu.edu/centenarian/

Tasas de inflación en EE.UU. de 1960 a 2022: https://www.worlddata.info/america/usa/inflation-rates.php#:~:text=Durante%20el%20periodo%20de%20observación%20de,año%20la%20tasa%20de%20inflación%20fue%204,0%25

Tasas de inflación en la última década: https://www.forbes.com/sites/qai/2023/01/02/is-inflation-high-compared-to-years-past-breaking-down-inflation-rates-by-year/?sh=1817f2d6d7a2

Los gastos de salud y la educación como motores de la inflación a largo plazo: https://thehill.com/opinion/finance/591995-health-care-and-higher-education-key-drivers-of-long-term-inflation/

Capítulo 24: El papel de la gratitud

La cita del capítulo se encuentra en: https://www.wealth-mode.com/blog/how-gratitude-helps-you-retire-early.

Cita de Marco Aurelio: https://dailystoic.com/gratitude/

Estudio sobre la relación entre la gratitud y el bienestar subjetivo: https://www.wealth-mode.com/blog/how-gratitude-helps-you-retire-early

Cita de Robert A. Emmons: https://www.nytimes.com/2023/06/08/well/mind/gratitude-health-benefits.html

Beneficios de la gratitud para la salud: https://news.umich.edu/be-grateful-it-may-improve-your-health/

Debate sobre cómo la gratitud puede ayudar a nuestras finanzas: https://www.ig.ca/en/insights/how-gratitude-can-help-your-finances

Teoría hedónica de la cinta de correr: https://positivepsychology.com/hedonic-treadmill/

Teoría del nivel de adaptación: https://link.springer.com/referenceworkentry/10.1007/978-94-007-0753-5_25

Explicación de la dopamina: https://www.webmd.com/mental-health/what-is-dopamine

Papel de la dopamina en la recompensa: https://www.sciencedirect.com/science/article/abs/pii/S0165017398000198

Teoría de la comparación social: https://positivepsychology.com/social-comparison/#:~:text=En%20lugar%20del%20efecto%20deseado,posteriormente%20desarrollamos%20baja%20autoestima%2D

Impacto perjudicial de la comparación social: https://psycnet.apa.org/record/1993-16069-001

Capítulo 25: Una trampa para incautos

La cita del capítulo se encuentra en https://retirementresearcher.com/navigating-one-greatest-risks-retirement-income-planning/.

Riesgo de secuencia de rendimientos, incluido el ejemplo proporcionado: https://www.schwab.com/learn/story/timing-matters-understanding-sequence-returns-risk

Historical stock market returns: https://www.officialdata.org/us/stocks/s-p-500/1926#:~:text=Stock%20market%20returns%20since%201926&text=-This%20is%20a%20return%20on,%2C%20or%206.96%25%20per%20year.

Rentabilidad anual del índice S&P 500: https://www.slickcharts.com/sp500/returns

Capítulo 26: Suavizar los ahorros

La cita del capítulo se encuentra en: https://www.bls.gov/careeroutlook/2013/fall/art02.pdf.

Objetivos de ahorro recomendados por Fidelity: https://www.fidelity.com/viewpoints/retirement/how-much-do-i-need-to-retire

La historia de Grace Groner: https://www.gronerfoundation.com/grace-s-story

La fábula del tablero de ajedrez y el grano de arroz: https://tanggram.medium.com/the-magic-of-compound-interest-7f4d6ca4583b#:~:text=%E2%80%-9COh%20emperador%2C%20mis%20deseos%20son,granos%20como%20el%20cuadrado%20antes.%E2%80%9D

Hipótesis del ciclo vital: https://www.richmondfed.org/publications/research/econ_focus/2016/q3-4/jargon_alert

Opinión contraria sobre la suavización del consumo: https://www.whitecoatinvestor.com/consumption-smoothing-is-stupid/

Capítulo 27: Presupuestos modernos

La cita del capítulo se encuentra en: https://finlit.yale.edu/planning/budgeting-and-goal-setting.

Sitio web de Necesitas un presupuesto: https://www.ynab.com/

Página web de Empower: https://www.empower.com/empower-personal-wealth-transition?utm_medium=cpc&utm_source=google&utm_campaign=pcc_us_ggl_sem_branded_general_des_exact_all_all_all&utm_content=tools&utm_device=c&utm_term=personal%20capital%20budgeting&gad_source=1&gclid=CjwKCAi

Página web de PocketGuard: https://pocketguard.com/

50-30-20 Rule: https://www.unfcu.org/guides/the-50-30-20-rule/#:~:text=The%2050%2D30%2D20%20rule%20recommends%20putting%2050%25%20of,closer%20look%20at%20each%20category

Cuentas de ahorro de salud (HSA): https://www.healthcare.gov/glossary/health-savings-account-hsa/

Cuentas de gastos flexibles (FSA): https://www.healthcare.gov/have-job-based-coverage/flexible-spending-accounts/

Los métodos de la bola de nieve y la avalancha de deudas para reducir las deudas: https://www.advantageccs.org/blog/which-debt-to-pay-off-first-debt-snowball-method-vs-debt-avalanche-method/?refppc=grant&kw=&creative=656463683405&gad_source=1&gclid=CjwKCAiA3aeqBhBzEiwAxFiOBs4MG-vKnNeapdmhoHU98yJkcSwi7dMrB8PrXBzM7ymC-dXWixiAOr4BoChiEQAvD_BwE

Capítulo 28: Acaba con los préstamos estudiantiles

La cita del capítulo se encuentra en: https://dfpi.ca.gov/2023/02/13/student-loan-debt-a-disproportionate-burden-on-black-and-latino-borrowers/#:~:text=Millones%20de%20estadounidenses%20están%20afectados,el%20mayor%20mercado%20de%20consumidores%20después%20de%20hipotecas.

Deuda promedio de préstamos a estudiantes: https://educationdata.org/average-student-loan-debt#:~:-

text=La%20media%20de%20préstamos%20
federales%20a estudiantes,ellos%20tienen%20
deuda%20federal%20de préstamos

Tasas de interés de los préstamos a estudiantes:
https://www.bankrate.com/loans/student-loans/
current-interest-rates/

Sitio web de Ayuda Federal para Estudiantes: https://
studentaid.gov/

Plan de amortización SAVE: https://studentaid.gov/
announcements-events/save-plan

La Ley de Asignaciones Consolidadas de 2023 y cómo
afecta a los préstamos estudiantiles: https://www.
sequoia.com/2023/01/student-loan-legislation-what-
employers-need-to-know/

Ley SECURE 2.0 de 2022: https://www.bloomber-
glaw.com/external/document/XAUSB4C8000000/
retirement-benefits-professional-perspective-secu-
re-2-0-matching

Capítulo 29: Trucos fiscales

La cita del capítulo se encuentra en: https://www.
nerdwallet.com/article/taxes/tax-planning.

Longitud del código fiscal de EE.UU.: https://www.
vox.com/policy-and-politics/2017/3/29/15109214/
tax-code-page-count-complexity-simplification-re-
form-ways-means

Aspectos básicos de la planificación fiscal: https://
www.nerdwallet.com/article/taxes/tax-planning

Importancia de la planificación fiscal: https://www.
bctax.com/blog/the-importance-of-tax-plannin-
g/#:~:text=Con%20una%20planificación fiscal%20

adecuada%2C%20tú,creas%20tu%20plan%20
financiero

Estrategias de planificación fiscal de fin de año:
https://www.abipcpa.com/year-end-tax-plan-
ning-strategies-for-individuals/#:~:text=Gene-
ral%20tax%20planning%20strategies%20
for,charitable%20gifts%2C%20and%20
retirement%20planning

Fondos asesorados por donantes: https://
www.fidelitycharitable.org/guidance/philan-
thropy/what-is-a-donor-advised-fund.
html?immid=PCD&account=GOOGLE&campaign=Do-
nante+Asesorado+Primer&adgroup=Donante+Aseso-
rado&gad_source=1&gclid=CjwKCAiA8NKtBhBtEiwA-
q5aX2HxPpXcBzBk-4qBV3yJwqeS9OaL3Ka-VTnAiXh-
cAul3z-H2pUw_7ohoCaZsQAvD_BwE&gclsrc=aw.ds

Requisitos para ser CPA: https://www.accounting.
com/careers/cpa/how-to-become/

Página web de CPAverify: https://cpaverify.org/

Página web del Instituto Americano de CPA: https://
www.aicpa-cima.com/home

Credencial de Especialista en Finanzas Personales: https://us.aicpa.org/membership/join/
pathway-pfs-credential.html

Capítulo 30: Carencias

La cita del capítulo se encuentra en: https://money.
usnews.com/investing/investing-101/articles/2018-
08-20/6-ways-to-fix-a-retirement-savings-shortfall.

Costos de las casas minúsculas: https://www.rocket-
mortgage.com/learn/how-much-does-a-tiny-house-
cost#:~:text=El%20coste%20medio%20de%20
una%20casa,atrapado%20en%20el%20ahorro

Debate sobre los lugares más baratos para jubilarse en el extranjero: https://money.usnews.com/money/retirement/baby-boomers/slideshows/the-cheapest-places-to-retire-abroad-on-1-000-per-month

Capítulo 31: Riesgos asegurables

La cita del capítulo se encuentra en: https://www.cfainstitute.org/en/membership/professional-development/refresher-readings/risk-management-individuals.

Discusión sobre cuánto seguro de vida necesitas: https://www.investopedia.com/articles/pf/06/insureneeds.asp#:~:text=LaMayoría%de%20compañías%20de%20seguros%20dice%20a,un,niño%20por encima%20de%2010x%20cantidad

Estadísticas sobre cuidados de larga duración: https://www.aplaceformom.com/senior-living-data/articles/long-term-care-statistics

Debate sobre la calificación de las compañías de seguros: https://trustlayer.io/resources/why-does-your-insurance-companys-rating-matter

Capítulo 32: Un secreto alucinante sobre el seguro de vida

La cita del capítulo se encuentra en: https://www.dfs.ny.gov/apps_and_licensing/insurance_companies/faqs/regulation_194.

Lista de asesores de seguros por honorarios: https://www.glenndaily.com/links.htm

Debate sobre las comisiones de los seguros de vida: https://theinsuranceproblog.com/life-insurance-commission-a-great-evil-according-to-the-internet/

Las ilustraciones de las pólizas de seguros fueron facilitadas por Chuck Hinners.

Capítulo 33: Riesgos no asegurables

La cita del capítulo se encuentra en: https://www.investopedia.com/terms/u/uninsurable-risk.asp#:~:text=Key%20Takeaways-,El%20riesgo%20no%20asegurable%20es%20una%20condición%20que%20implica%20un%20conocimiento%20o,como%20cobertura%20de%20penalidades%20delictivas.

Impacto potencial de la inteligencia artificial en los puestos de trabajo: https://www.bbc.com/news/technology-65102150

Anualidades: https://institutional.vanguard.com/insights-and-research/report/annuities-and-tdfs-what-is-the-right-approach.html

Anualidades fijas en: https://www.forbes.com/advisor/retirement/fixed-vs-index-annuity/

Rentas variables: https://www.investor.gov/introduction-investing/investing-basics/investment-products/insurance-products/variable-annuities

Rentas indexadas: https://www.fidelity.com/viewpoints/retirement/considering-indexed-annuities

Cita de FINRA: https://www.finra.org/investors/insights/complicated-risks-and-rewards-indexed-annuities

Ofertas de anualidades de Massachusetts Mutual Life Insurance Company: https://www.finra.org/investors/insights/complicated-risks-and-rewards-indexed-annuities

Ofertas de anualidades de USAA Life Insurance Company: https://www.usaa.com/inet/wc/insurance_annuities_main?SearchRanking=1&SearchLinkPhrase=annuities

Ofertas de anualidades New York Life Insurance Company: https://www.newyorklife.com/products/investments/annuities

Ofertas de anualidades de TIAA-CREF Life Insurance Company: https://www.tiaa.org/public/retire/financial-products/annuities/annuitization

Capítulo 34: ¿Compra o alquiler?

La cita del capítulo se encuentra en: https://www.nar.realtor/newsroom/middle-income-homeowners-gained-more-than-120000-in-wealth-over-the-past-decade-from-home-appreciation.

Cantidad que gasta el sector inmobiliario en grupos de presión: https://www.opensecrets.org/industries/lobbying.php?cycle=All&ind=f10

Relación precio/alquiler y su impacto en la decisión "comprar o alquilar": https://smartasset.com/data-studies/price-to-rent-ratio-in-the-50-largest-us-cities-2022

Opinión de los expertos sobre el alquiler si te vas a mudar en 5 años o menos: https://www.cnbc.com/2015/08/04/what-to-know-about-renting-versus-buying-a-home.html

Encuesta sobre Finanzas de los Consumidores de la Reserva Federal: https://papers.ssrn.com/sol3/papers.cfm?abstract_id=3716339

Estudio de la Universidad de Harvard sobre el impacto de la propiedad de la vivienda en la acumulación de riqueza entre las familias con rentas más bajas y las minorías: https://www.researchgate.net/publication/290015954_Is_homeownership_still_an_effective_means_of_building_wealth_for_low-income_and_minority_households

Opinión negativa de algunos asesores patrimoniales hacia la vivienda en propiedad: https://www.cnbc.com/2019/04/18/wealth-manager-buying-a-home-is-usually-a-terrible-investment.html

Comparación de la rentabilidad bursátil con la revalorización de la vivienda en propiedad: https://www.investopedia.com/ask/answers/052015/which-has-performed-better-historically-stock-market-or-real-estate.asp

Índice utilizado para realizar los ajustes del tipo de interés de las hipotecas de tipo variable: https://journalistsresource.org/economics/adjustable-rate-mortgages-explainer/

Predominio de las hipotecas a tipo fijo: https://www.nber.org/papers/w24446

Preferencia por un plazo de 30 años para las hipotecas a tipo fijo: https://www.debt.org/real-estate/mortgages/30-year-fixed/#:~:text=Con%20todo%20este%20impulso%20,respaldado%20hipoteca%2Dguarante%20Freddie%20Mac

Ventajas e inconvenientes de las hipotecas a tipo fijo y variable: https://www.bankrate.com/mortgages/arm-vs-fixed-rate/

Límites típicos de ajuste y duración de las hipotecas de tipo variable: https://mortgageequitypartners.com/mortgage-products/adjustable-rate-mortgage-arm/#:~:text=LaMayoría%20de%20ARMs%20tienen%20límites%20de,la%20vida%20del%20préstamo

Complejidad de elegir el tipo de hipoteca adecuado: https://www.nber.org/papers/w9759

Investigación que indica que las hipotecas de tipo variable tienden por término medio a tener tipos de interés más bajos que las hipotecas de tipo fijo: https://www.businessinsider.com/should-i-get-adjustable-rate-mortgage-yale-economic-research-2022-11

Opinión del Instituto Urbano sobre los riesgos que plantean las hipotecas de interés variable: https://www.urban.org/urban-wire/should-borrowers-be-afraid-adjustable-rate-mortgages

Capítulo 35: ¿Pagar por adelantado o no pagar por adelantado?

La cita del capítulo se encuentra en: https://knowledge.wharton.upenn.edu/article/should-i-pay-off-my-mortgage-early-in-this-economy/.

Liquidez: https://www.thebalancemoney.com/liquidity-definition-ratios-how-its-managed-3305939

Ventajas e inconvenientes de pagar la hipoteca antes de la jubilación: https://www.forbes.com/sites/kristinmckenna/2022/09/26/should-you-pay-off-your-mortgage-before-retirement/?sh=4c7c000872ef y https://www.schwab.com/learn/story/should-you-pay-off-mortgage-before-you-retire y: https://www.kiplinger.com/retirement/604813/im-retired-should-i-pay-off-my-mortgage

Cita del profesor Michael R. Roberts: https://knowledge.wharton.upenn.edu/article/should-i-pay-off-my-mortgage-early-in-this-economy/

Cita de Kiplinger: https://www.kiplinger.com/retirement/604813/im-retired-should-i-pay-off-my-mortgage

Capítulo 36: Fuerza de voluntad

La cita del capítulo se encuentra en: https://www.heritagelawwi.com/what-are-the-potential-consequences-of-not-having-an-estate-plan#:~:text=Sin%20un%20plan%20integral%20inmobiliario,no%20hubieras%20elegido%20tú.

Porcentaje de estadounidenses que no tienen testamento: https://www.caring.com/caregivers/estate-planning/wills-survey/

Cita de Yair Dor-Ziderman: https://www.theguardian.com/science/2019/oct/19/doubting-death-how-our-brains-shield-us-from-mortal-truth

Estudio que muestra cómo la mente tiene una tendencia automática a evitar la conciencia de su mortalidad: https://www.sciencedirect.com/science/article/abs/pii/S1053811919306688

Porcentaje de mujeres que enviudan: https://www.bedelfinancial.com/75-of-women-become-widows

Edad media de las viudas: https://www.9and10news.com/2019/09/30/healthy-living-modern-widow/#:~:text=Cuando%20piensas%20en%20alguien,las%20mujeres%20quedan%20viudas%20cada%20día.

Tasas de mortalidad de los millennials: https://www.statista.com/statistics/241572/death-rate-by-age-and-sex-in-the-us/#:~:text=En%20los%20Estados%20Unidos%20en,de%20la%20población%20de%20mujeres

Página web del American College of Trust and Estate Counsel: https://www.actec.org/

Capítulo 37: No seas un extraño

La cita del capítulo se encuentra en: https://www.

gobankingrates.com/money/financial-planning/ how-often-you-should-review-your-financial-plan-advisor-advice/.

Actualizaciones del plan financiero: https://www. gobankingrates.com/money/financial-planning/ how-often-you-should-review-your-financial-plan-advisor-advice/

Qué incluir en una revisión anual de los planes financieros: https://www.investopedia.com/articles/ financial-advisors/021016/top-tips-annual-client-financial-reviews.asp#:~:text=Una%20revisión%20 anual%20debe%20ir,planificación%2C%20y%20 políticas%20de%20seguros%20de%20vida.

Cita de Joseph Ferrari: https://www.washingtonpost. com/lifestyle/wellness/procrastinate-why-stop-advice/2021/07/09/13b7dc2c-e00e-11eb-9f54-7eee10b-5fcd2_story.html

Porcentaje de los que procrastinan en algún grado: https://www.mindtools.com/a5plzk8/ how-to-stop-procrastinating

Causas de la procrastinación: https://psychcentral. com/lib/learn-about-procrastination#Procrastination-Has-Many-Causes

Consecuencias negativas para la salud de la procrastinación: https://www.sciencedirect.com/science/ article/abs/pii/S0191886906004454

Consejos para dejar de procrastinar: https://www. mindtools.com/a5plzk8/how-to-stop-procrastinating

Utilidad de los teléfonos "cocaína" y "col": https:// www.dailymail.co.uk/sciencetech/article-12324329/ Why-experts-say-key-healthy-relationship-phone-cocaine-kale-cell-combination.html

Lista de aplicaciones para ayudar a superar la procrastinación: https://www.developgoodhabits. com/procrastination-apps-mf1/

Lista de aplicaciones de seguimiento de objetivos: https://clickup.com/blog/goal-tracking-apps/

Lista de aplicaciones de meditación y mindfulness: https://positivepsychology.com/mindfulness-apps/

Capítulo 38: Barreras cerebrales

La cita del capítulo se encuentra en: https://slate. com/technology/2017/04/why-people-are-so-bad-at-thinking-about-the-future.html.

Descuento temporal: https://www.frontiersin.org/ articles/10.3389/fpsyg.2017.01007/full

Cita de Hal Hershfield: https://www.frontiersin.org/ articles/10.3389/fpsyg.2017.01007/full

El poder de la responsabilidad: https://www.afcpe. org/news-and-publications/the-standard/2018-3/ the-power-of-accountability/#:~:text=Los%20 investigadores%20descubrieron%20que%20 individuos,tú%20lo%20harás%203A%2040%25

Capítulo 39: Entendiendo los costos

La cita del capítulo se encuentra en: https://larryba-tes.ca/.

Diferencia en la norma de diligencia debida a los clientes por los RIA y los corredores-agentes: https://www.investopedia.com/articles/active-trading/100915/rias-and-independent-brokerdealers-comparison.asp#:~:text=Los%20RIA%20tienen%20 un%20deber%20fiduciario,de%20cumplir%20 la%20norma%20deidoneidad

Asesoramiento basado en comisiones: https://rpc.cfainstitute.org/en/policy/positions/commission-based-advice#sort=%40pubbrowsedate%20descending

Asesoramiento basado en honorarios: https://www.investopedia.com/articles/investing/102014/feeonly-financial-advisers-what-you-need-know.asp#:~:text=A%20fee%2Donly%20financial%20advisor,products%20they%20sell%20or%20trade

Conflictos de intereses ocultos de los asesores financieros de pago: https://community.acplanners.org/browse/blogs/blogviewer?BlogKey=88c07a0e-bb37-40ef-8642-3172716b0884

Calculadora de tasas creada por Larry Bates: https://larrybates.ca/t-rex-score/

Modelo de tarifa fija: https://www.yahoo.com/now/much-flat-fee-financial-advisors-134720141.html

Modelo de tarifa horaria: https://www.investopedia.com/ask/answers/091815/what-fees-do-financial-advisors-charge.asp

Modelo basado en el rendimiento: https://www.investopedia.com/terms/p/performance-fee.asp#:~:text=Una%20comisión%20por%20rendimiento%20es%20a,menudo%20tanto%20realizada%20como%20no%20realizada

Mínimos de asesor financiero: https://smartasset.com/financial-advisor/the-minimum-investment-for-a-financial-advisor

Capítulo 40: Reducir costos

La cita del capítulo se encuentra en: https://investor.vanguard.com/investor-resources-education#:~:text=En%20otras%20palabras%2C%20tú%20don,acabas%20con%20alrededor%20%24430%2C000.

Página web de Betterment: https://www.betterment.com/?utm_campaign=PMax&utm_content=brand&utm_medium=sem&gad_source=1&gclid=CjwK-CAiAzc2tBhA6EiwArv-i6ZgNfMAOvCY9HqvNknG-mZl7sHiJmH8Ep68f7WgO_NBnFmI75Swu_ZhoC3ygQA-vD_BwE&gclsrc=aw.ds

Sitio web de Wealthfront: https://www.wealthfront.com/?&utm_source=google&utm_medium=brand-search&utm_campaign=brand_exact-wf_ps-b_aw_all_dr_brand_20210825&cparam_campaignid=2061931427&utm_term=wealthfront&utm_content=null&cparam_contentid=601533116062&cparam_adgroup=null&cparam_adgroupid=76855954235&cparam_device=a&cparam_matchtype=e&campaignid=2061931427&adgroupid=76855954235&adid=601533116062&gclid=CjOKCQjwi7GnBhDXARIsA-FLvH4nIaOfjqtLoCVCQSUTfvnIMiDmB_7PAvOuaxWtR9-d871g51jXOsXPYaAibyEALw_wcB

Página web del Asesor Digital Vanguard: https://investor.vanguard.com/advice/robo-advisor?cmpgn=RIG:PS:XXX:DA:10212021:GS:DM:BD_DA_Digital_Exact:NOTARG:NONE:DigitalAdvisor:Ad&gclid=CjOKCQjwi7GnBhDXARIsAFLvH4kd31M5xJaKwhRKk-3VO99OFILoA6Vv38dw9J6YH1dD81DDe-Zgayu0aAvl_EALw_wcB&gclsrc=aw.ds

Sitio web de Schwab Intelligent Portfolios: https://www.schwab.com/intelligent-portfolios?src=SEM&ef_id=CjOKCQjwi7Gn-BhDXARIsAFLvH4m5K3XK5WxfexWiz3Z6O-DUNZN-ki-3lyO7nUvasffV7TJr1XoFD-aUaArtoEALw_wcB:-G:s&s_kwcid=AL!5158!3!563641296915!e!!-g!!schwab%20intelligent%20portfolio!657672170!33393815276&keywordid=kwd-88755627140&gclid=CjOKCQjwi7GnBhDXARI-sAFLvH4m5K3XK5WxfexWiz3Z6O-DUNZN-ki3lyO7nU-vasffV7TJr1XoFD-aUaArtoEALw_wcB

Sitio web de Fidelity GO: https://www.fidelity.com/managed-accounts/fidelity-go/investment-account-faqs?imm_pid=700000001446522&imm-mid=100725_SEA&imm_eid=ep77333760028&utm_source=GOOGLE&utm_medium=paid_search&utm_account_id=700000001446522&utm_campaign=-DPA&utm_content=58700008485835953&utm_term=fidelity-go&utm_campaign_id=100725&utm_id=71700000112725739&gad=1&gclid=CjOKCQjwi7G-nBhDXARIsAFLvH4IDsqyt89Pf_HuTjd8rJhPdoMDTZ-vAxxOVDoNGVM7GqgBK8OjuJc1OaAocvEALw_wcB&-gclsrc=aw.ds

Página web de Vanguard Personal Advisors: https://investor.vanguard.com/advice/personal-hybrid-robo-advisor

Sitio web de Schwab Intelligent Portfolios Premium: https://www.schwab.com/intelligent-portfolios-premium

Sitio web de la Red de Planificación Garrett: https://www.garrettplanningnetwork.com/

Página web de la Red de Planificación XY: https://www.xyplanningnetwork.com/

Página web de la NAPFA: https://www.napfa.org/

Capítulo 41: Estudios que cuantifican el valor

La cita del capítulo se encuentra en: https://www.kitces.com/blog/trust-research-advisor-planner-use-benefits-value-vanguard-alpha-morningstar-gamma/.

Estudio Russell Investments 2023:

https://russellinvestments.com/Publications/US/Document/Value_of_an_Advisor_Study.pdf

Estudio Russell Investments 2022:

https://russellinvestments.com/us/blog/value-of-an-advisor-2022

Estudio Vanguard 2022: https://advisors.vanguard.com/insights/article/putting-a-value-on-your-value-quantifying-advisors-alpha

Estudio Morningstar 2013:

https://corporate.morningstar.com/ib/documents/PublishedResearch/AlphaBetaandNowGamma.pdf

Artículo escrito por Derek Tharp, Doctor: https://www.kitces.com/blog/trust-research-advisor-planner-use-benefits-value-vanguard-alpha-morningstar-gamma/

Capítulo 42: La IA es tu nueva mejor amiga

La cita del capítulo se encuentra en: https://www.investmentexecutive.com/news/industry-news/ai-could-make-financial-planning-more-accessible-suggest-some-in-the-sector/.

Debate sobre las formas en que la inteligencia artificial revolucionará el sector de la planificación financiera: https://www.forbes.com/sites/forbestechcouncil/2021/09/30/top-five-ways-ai-is-revolutionizing-the-financial-planning-industry/?sh=1423041c3f6d

Página web de PocketGuard: https://pocketguard.com/

Página web de Cleo: https://web.meetcleo.com/

Página web de Credit Karma: https://www.creditkarma.com/

Sitio web de Experian: https://www.experian.com/

Página web de Credit Sesame: https://www.creditsesame.com/

Sitio web de Intuit Turbo Tax: https://turbotax.intuit.com/?srqs=null&cid=ppc_gg_b_stan_all_na_Brand-BrandTTCore-TurboTax-Exact_ty22-bu2-sb5_638449414034_58623458533_kwd-26897251&srid=CjOKCQjwusunBhCYARIsAFBsUP9EFZLHxCuQAwuKcu6lzN3ARTb9LfjeP-GANqJ6vV5Gcacd-ZGzT3AaAiyOEALw_wcB&-targetid=kwd-26897251&skw=turbotax&adid=638449414034&ven=gg&gad=1&gclid=CjOKC-QjwusunBhCYARIsAFBsUP9EFZLHxCuQAwuKcu6lz-N3ARTb9LfjePGANqJ6vV5Gcacd-ZGzT3AaAiyOEALw_wcB&gclsrc=aw.ds

Sitio web de H&R Block: https://www.hrblock.com/lp/tax-filing/?https://www.hrblock.com/lp/tax-filing/?otppartnerid=9171&campaignid=ps_mcm_9171_7004_fy24_lob-gct_104_p07_a08_71700000089576942_58700007588903553_h%24r+block&gclid=CjOKCQjwusunBhCYARIsAFB-sUP_XAbY_k5Gsu9JQ-U8M5lulwSCZeRMuy3HCU7X-OBhY-IK_MUVv6aegaAt9XEALw_wcB&gclsrc=aw.ds

Página web de Shoeboxed: https://www.shoeboxed.com/

Página web de Insurify: https://insurify.com/

Página web de Portfolio Visualizer: https://www.portfoliovisualizer.com/

Página web de Stockal: https://stockal.com/

Página web de Coin Tracker: https://www.cointracker.io/?utm_source=Google&utm_campaign=CT_BRAND_US_Brand&utm_medium=BRAND_US_Brand&utm_content=exact&utm_term=cointracker&gclid=C-jOKCQjwgNanBhDUARIsAAeIcAt3ehO3GI2j14Lwb-

P47_9lAyr-1DcEofacAE7OEsRWjThfHKiHQyg-YaAoO9EALw_wcB

Sitio web de Streaks: https://streaksapp.com/#:~:-text=Streaks%20es%20el%20hacer%2D,usa%20su%20dientes con hilo dental

Página web de Empower:

https://www.empower.com/personal-investors/financial-tools

Sitio web de WealthTrace:

https://www.mywealthtrace.com/

Página web de Quicken:

https://www.quicken.com/lp/ppc/brand-simplifi/?utm_medium=cpc&utm_source=google&utm_campaign=%5bMM%5d-GGL_Search_Brand_Exact_USA_Consolidation&adgroup=quicken_starter&utm_term=quicken%20starter&utm_targetid=kwd-298171431297&utm_matchtype=e&coupon_code=&gclid=CjwKCAiA8NKt-BhBtEiwAq5aX2HZPlkfkDJ5pi072Nc_dhyLmPRsGzNN-q2Tux-jklqH_wjRdMD6yqkRoCUIOQAvD_BwE

ChatGPT: https://chat.openai.com/

Conclusión: Confía en ti mismo

La cita del capítulo se encuentra en: https://dailystoic.com/trust-yourself/.

Recursos

<u>Mis libros favoritos sobre inversión</u>:

Berkin, Andrew L. and Swedroe, Larry E. *Your Complete Guide to Factor-Based Investing*. Buckingham. 2016.

Bernstein, William J. *If You Can: How Millennials Can Get Rich Slowly*. Efficient Frontier Publications, 2014.

Bogle, John C. *The Little Book of Common Sense Investing*. Wiley, 2017.

Carlson, Ben. *A Wealth of Common Sense*. 1st ed. Bloomberg Press. 2015

Ellis, Charles. *Winning the Loser's Game*. 8th ed. McGraw Hill. 2021

Housel, Morgan. *The Psychology of Money*. Harriman House, 2021.

Larimore, Taylor. *The Bogleheads' Guide to the Three-Fund Portfolio*. 1st ed. Wiley. 2018.

Swedroe, Larry E. and Kizer, Jared. *The Only Guide to Alternative Investments You'll Ever Need*. Bloomberg Press. 2008.

Swedroe, Larry E. and Adams, Samuel C. *Your Essential Guide to Sustainable Investing*. Harriman House. 2022.

<u>Mis libros favoritos que te ayudarán a comprender cómo influye tu mente en tu comportamiento</u>:

Dweck, Carol S. *Mindset: The New Psychology of Success*. Reprint ed. Random House Publishing Group. 2007.

Kahneman, Daniel. *Thinking, Fast and Slow*. 1st ed. Farrar, Straus and Giroux. 2011.

Medina, John. *Brain Rules*. 1st ed. Pear Press. 2020.

Pigliucci, Massimo. *How to Be a Stoic*. Reprint ed. Basic Books. 2018.

Sacks, Oliver. *Gratitude*. Illustrated ed. Knopf. 2015.

Thaler, Richard H. *Misbehaving, The Making of Behavioral Economics*. Reprint ed. W.W. Norton & Company. 2016.

Este libro ofrece consejos que no encontrarás en ningún otro sitio sobre la compra de seguros de vida:

Hinners, Chuck. *Insider Trading in the Life Insurance Market: A Smart Buyer's Guide*. CreateSpace Independent Publishing Platform. 2015

Divulgación de la IA

Utilicé la inteligencia artificial (principalmente ChatGPT 4.0) para la investigación básica.

En algunos casos, utilicé texto generado por ChatGPT, pero rara vez sin editarlo.

Comprobé todos los hechos generados por la inteligencia artificial y los cité de forma independiente en las Notas finales.

Todas las opiniones son sólo mías.

Índice

Printed in the USA
CPSIA information can be obtained
at www.ICGtesting.com
LVHW062028070624
782578LV00015B/226